これだけは知っておきたい!

中小企業の賃金管理

若手が採用でき、優秀な人材が定着する新常識

北見昌朗

Masao Kitami

東洋経済新報社

まえがき　働く人とウインウインの関係を築こう

２０２２年に亡くなられた稲盛和夫氏が主宰された盛和塾で、筆者は学ばせていただきました。稲盛塾長の言葉で、忘れられない言葉があります。

「今の世は、人間、一人で生きていくのだって大変だ。まして従業員を雇って、その暮らしを守っていくのは並大抵のことではできない。だから従業員を一人でも二人でも雇っている中小企業の経営者は素晴らしい社会貢献をしている。それこそ利他行だ」

筆者は創業して休むことなく懸命に働いてきましたが、生き方を肯定されたような気がして目頭が熱くなりました。

稲盛塾長はこうもおっしゃいました。

「京セラは、全従業員の物心両面の幸福を追求する」

筆者は給与のコンサルタントだけに、この言葉を実践することこそわが使命だと思いました。

「会社はオカネをもらうために行くところ」

筆者は経営者にお会いすると、いつもそう強調します。人が会社に行く目的には、例えばやり甲斐とか生き甲斐もあるでしょうし、そうありたいものです。しかしながらオカネがもらえなかったら誰も行かないことを考えれば、やはり目的はオカネです。

例えば、賞与に関してまったく基準がない会社があったとします。いつ出るのかわからない。そもそも出ないかもしれない。そんな会社だったら、社員のやる気が上がるはずがありません。大事なのはオカネを払う基準を明確化することです。経営者なら、

「コツコツ勤務してくれれば、このくらいの年収がもらえるようになる」

「昇進すれば、手当がこれだけ付く」

「子供が生まれたら手当が付く」

「賞与査定は、ココを重視している」

などと具体的に語れるようになって欲しい。さすれば社員の定着率も良くなり、やる気も上がります。会社が社員とウインウインの関係を築くことこそ、発展の道です。

筆者がお付き合いさせていただいている経営者は、同じく盛和塾で学んだ塾生が多い。

「社員にちゃんとした給与を払ってあげたい」

まえがき　働く人とウインウインの関係を築こう

筆者に会う経営者は、口をそろえてそうおっしゃいます。でも、この〝ちゃんと〟というのが実際には難しい。「何をもって払っているといえるのか？」がわからないからです。

給与研究を長年にわたって行ってきた筆者は、世の中にはいろいろな常識があると感じます。それは立ち位置の違いからきます。例えば、こんな感じです。

公務員の常識。賞与は期末手当および勤勉手当という名称であり、給与の一部として当然にして支払われるもの。４月に入社した人には、夏の賞与を満額支給。ヒラであっても50代になれば皆が高給をもらえる世界。

大手企業の常識。労使交渉により賞与の水準が妥結される。賞与は、給与に比例して80％以上は一律に支給される。４月に入社した人には、夏は寸志だが、冬は満額支給。年間５か月分は当たり前。

中小企業の常識。労組がないところが大半。賞与額は、評価によって大きく差がある。満額の賞与が出るのは、入社して1年以上先。

互いの〝常識〟が異なるので、昇給賞与をめぐって意見が衝突するのも無理はありません。

「だって、それ常識でしょ！」

という感じで、互いに己の主張をぶつけるだけで歩み寄れません。

では、筆者はどんな立ち位置なのか？

筆者は、若い頃サラリーマンを12年間やっていましたので、勤め人の気持ちは嫌というほどわかります。そして１９９５年に35歳で裸一貫で創業し、今では40人近くを雇用する社会保険労務士事務所のボスです。思えば、創業以来常に人の問題では苦労してきました。

筆者も職員に文句をいわれた経験があります。

「うちの事務所は、なぜこんなに給与が低いのか！」

創業当時は経営基盤がなかっただけに、それも事実であり、この批判は胸にグサッときました。

その時、天から降ってきたのです。

「同じように給与で苦労している経営者は多いはず。中小企業が昇給や賞与を決める際に参考になる給与統計を創ろう。必要なのは、給与が適正かどうか判断できる基準だ。例えてみれば、経営のコンパスだ」

役所が発表している給与の統計はありましたが、実感とかけ離れたものばかりでした。

「いったい、どこを調べているのか」

といいたくなるものばかり。

筆者はそこで志を立てました。

「中小企業の経営者が指針にできる給与統計を独自に創ろう」

給与統計を創るには、肝心の給与データが必要です。ところが給与データを集めるすべがありませんでした。創業当時で顧客数が少なかったからです。

顧客数が一定以上に達して、その給与データのみで統計ができるまでに10年かかりました。そこでできあがったのが、「ズバリ！　実在賃金」（商標登録済み）という統計でした。２００５年に初めて完成しました。

この「ズバリ！　実在賃金」を駆使しますと、同地域・同一規模・同一業種との比較が可能になり、いろいろな質問に対して明確に回答できるようになりました。

「社長、それでいいです」

「専務、ちょっと違います」

こんな感じでコンサルができるようになったのも、「ズバリ！　実在賃金」のおかげです。

本書は、社長のための、給与支払い虎の巻を目指して著しました。使い切っていただければ幸いです。

目次

第12部 余談　日本の給与はココが問題

第 1 部

足で集めた賃金の最新情報

PART 1

失敗体験談
役所の給与統計を基に「低い」と誤診

「やはり、うちの給与はまだ低かったのですね？」

筆者は、そう言いながらうなだれる社長の顔をいまだに忘れられません。

筆者は１９９５年、中小企業に給与改定案を提案する経営コンサルタント業を開業しました。当時行っていたのは給与のプロットでした。方眼紙の上に透ける紙を敷き、２Ｂの鉛筆で社員の給与をプロットするのです。当時はワープロ全盛の時代で、パソコンをあまり使っていませんでした。

グラフは、横軸が年齢で、縦軸が金額です。役所が発表している給与調査の金額を線にして、それより上か下かで給与水準の善し悪しを判断するわけです。

例えば、ここに次のような３人の社員がいたとしますと、次のプロットグラフになります。

25歳　22万円（高卒の給与相場に沿っている）

40歳　25万円（相場より大幅に下回っている）
50歳　30万円（相場より大幅に下回っている）

筆者は、社長の前にグラフを置きました。社長は、プロットグラフとにらめっこし腕を組みながら溜め息。その顔は、困惑とも受け取れる表情でした。

社長の横にいる総務部長は、

（やはり、そうだったか！　だから低いと申し上げたのです）

と、わが意を得たり。社長と総務部長との間では、給与が低い、低くない、という点で言い合いがあったようです。

ちなみに、その総務部長は取引先の銀行から出向してきた人で、頭の中には

東京都中小企業賃金・退職金事情の
「モデル賃金」をベースにした給与プロット

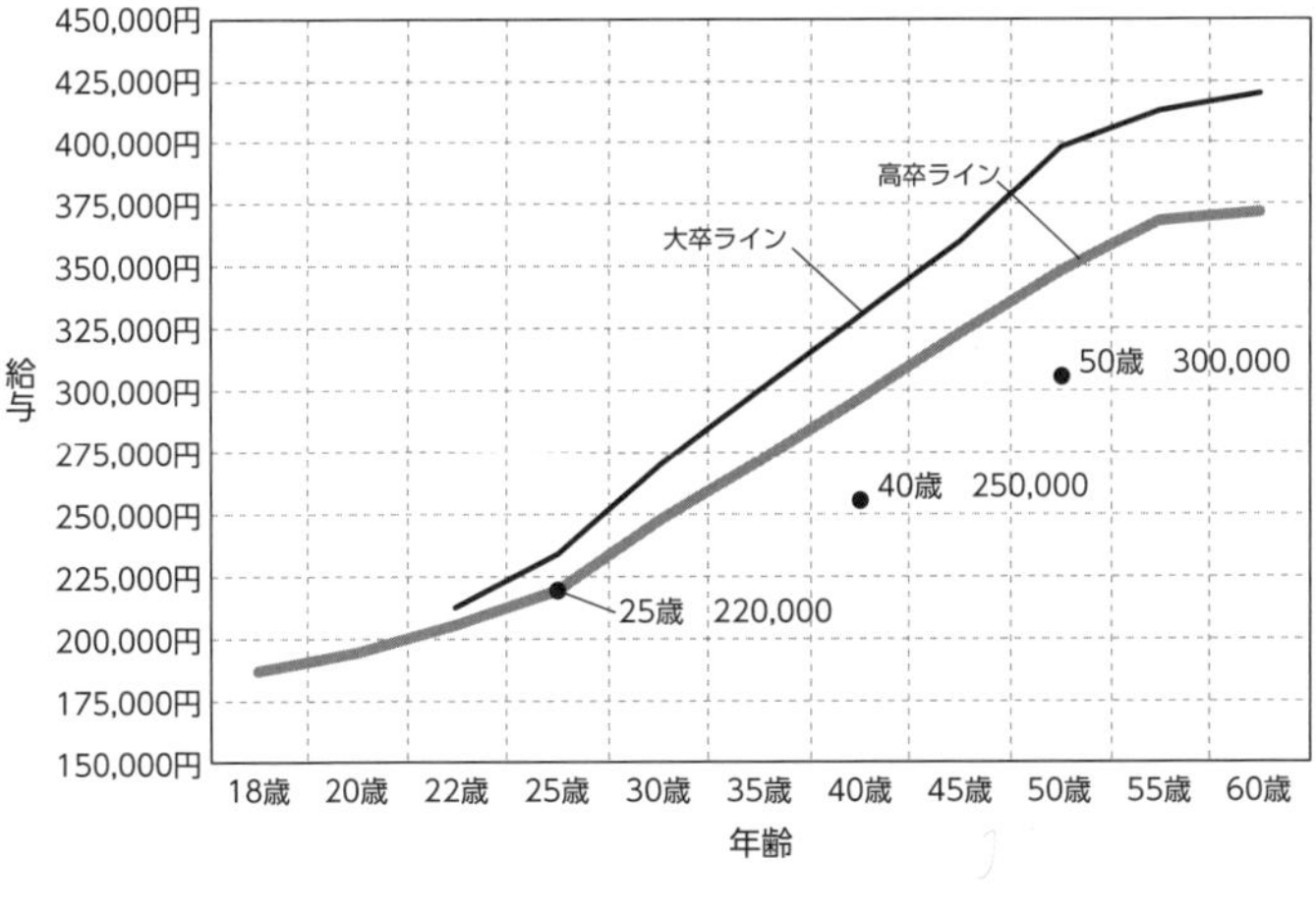

〝銀行の給与〟があったと筆者は想像します。

筆者は、こんなことを何度も経験するうちに役所の給与調査のデータそのものに疑念を抱くようになりました。

（もう何十社も回ったけれど、どこの会社に対しても「給与水準が低い」という診断結果になった。ひょっとしたら給与統計そのものに問題があるのではないか？）

という疑念が湧きました。

（役人は給与調査に際して、民間の給与相場を引き上げるために情報操作を意図的に行っているのではないか？　だって公務員の給与は民間準拠だから）

とさえ思いました。そう言い切るだけの根拠がありませんでしたが、筆者の心の中には、

（もう役所の調査なんてバックデータにしていたらアカンわ。こうなったら、自分の足で生の給与情報を集めて回り、経営者が昇給や賞与決定の参考にできる本当の給与統計を創ろう。経営のコンパスともいえる基準を作るんだ）

という志が芽生えました。

1995年の創業後2年目の1997年に給与調査を初めて行いました。どうにか1000人以上のデータを集めたものの、その後はサンプルが集まらず続きませんでした。しかし筆者は、

（必ずやるんだ。顧客が増えて、そのデータだけで統計ができあがるような事務所にするんだ）

という決意に燃えました。

そして２００５年、ついに独自の給与調査を創るという志は現実のものとなりました。「ズバリ！　実在賃金」の誕生です。

北見式賃金研究所はその頃、顧客の給与データだけでサンプル数１万人以上の愛知県版ができあがるまでになりました。

おかげさまで協力者も現れました。筆者は給与コンサルタントを養成する講座「北見塾」を開いていて、塾生は全国各地にいました。塾生の協力のおかげで、「首都圏版」「関西圏版」など各地方版もできてきました。

筆者が動画で詳しく解説しています。

ご視聴にはパスワードが必要です。

パスワードは「s9kx7」。ＱＲコード

PART 2

独自の給与調査でわかった中小企業の給与相場

▼給与計算データを基に統計を作る

筆者の考案した給与統計「ズバリ！　実在賃金」は、大量の給与の金額をプロットすることで相場を割り出すものです。

役所が行っている給与調査は自己申告のアンケート形式なので、どこまで正確なのか信憑性に欠けます。これに対して「ズバリ！　実在賃金」は給与計算結果なので、そこには恣意が入る余地がありません。

ここに首都圏版の年収グラフ（２０２０年版）を載せます。データには、東京都・神奈川県・千葉県・埼玉県の中小企業２５１社、社員数１万２５５３人の給与が含まれています。

横軸は年齢で65歳までで、縦軸は金額です。

収入ライン

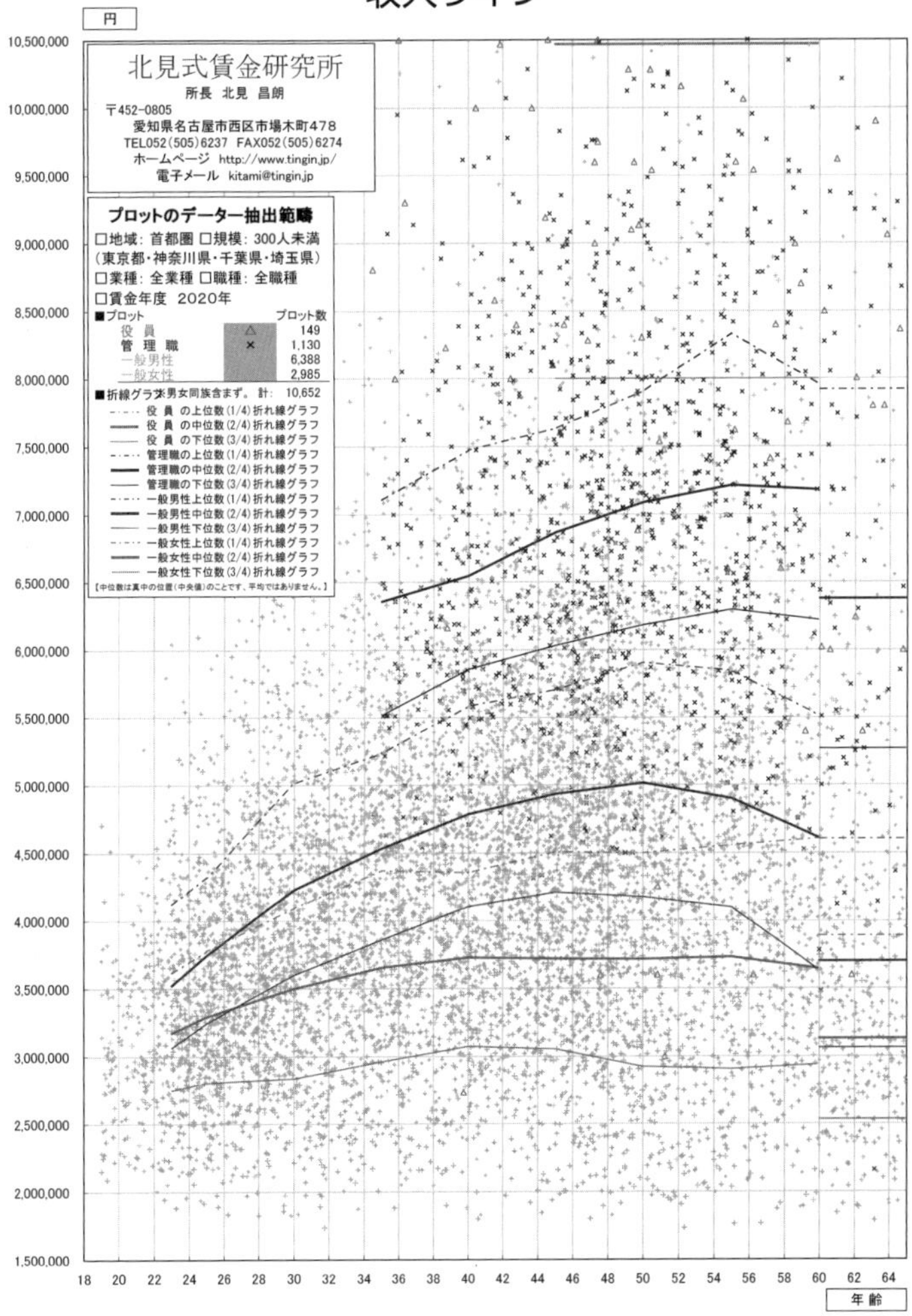
円
北見式賃金研究所
所長　北見　昌朗
〒452-0805
愛知県名古屋市西区市場木町478
TEL052(505)6237　FAX052(505)6274
ホームページ　http://www.tingin.jp/
電子メール　kitami@tingin.jp
プロットのデーター抽出範疇
□地域：首都圏 □規模：300人未満
(東京都・神奈川県・千葉県・埼玉県)
□業種：全業種 □職種：全職種
□賃金年度　2020年
■プロット　プロット数
役　員　△　149
管 理 職　×　1,130
一般男性　6,388
一般女性　2,985
■折線グラフ※男女同族含まず。 計：10,652
役　員　の上位数(1/4)折れ線グラフ
役　員　の中位数(2/4)折れ線グラフ
役　員　の下位数(3/4)折れ線グラフ
管理職の上位数(1/4)折れ線グラフ
管理職の中位数(2/4)折れ線グラフ
管理職の下位数(3/4)折れ線グラフ
一般男性上位数(1/4)折れ線グラフ
一般男性中位数(2/4)折れ線グラフ
一般男性下位数(3/4)折れ線グラフ
一般女性上位数(1/4)折れ線グラフ
一般女性中位数(2/4)折れ線グラフ
一般女性下位数(3/4)折れ線グラフ
【中位数は真中の位置(中央値)のことです、平均ではありません。】
10,500,000
10,000,000
9,500,000
9,000,000
8,500,000
8,000,000
7,500,000
7,000,000
6,500,000
6,000,000
5,500,000
5,000,000
4,500,000
4,000,000
3,500,000
3,000,000
2,500,000
2,000,000
1,500,000
18 20 22 24 26 28 30 32 34 36 38 40 42 44 46 48 50 52 54 56 58 60 62 64
年齢

ここに給与をプロットするわけですが、そのプロットは４種類あります。

①従業員役員
②管理職（部課長）
③一般男性社員
④一般女性社員

▼上中下にラインを引く

グラフには、多くのラインが引かれています。モノクロのグラフではわかりませんが、黒い線が３本、青い線が３本、赤い線が３本あります。それは相場を示しています。かりに同じ年齢で１００人いたとすれば、上から数えて25番目を「上」、50番目を「中」（中位数といいます）、75番目を「下」とします。

役所の給与統計は平均値が使われるのが一般的ですが、平均値は上の人に引っ張られる傾向になり、平均を下回る人は過半数をはるかに超えます。

筆者は、平均値よりも上中下という分布が重要だという考えを持っています。

調査対象は社員が３００人未満の中小企業で、正規社員および60代前半層の嘱託です。業種は、製造業、卸売業等に分かれています。

▼年収など4種類のグラフ

グラフは①年収、②給与総額、③所定内給与、④基本給という4種類が基本になっています。通勤手当は除外されています。前掲した首都圏版グラフの主な金額は、左記に載せました。これは「中」の金額です。

（一般男性）係長以下

	年収	給与総額	所定内給与	基本給
30歳	423万円	29万円	24万3000円	20万7000円
40歳	478万円	33万1000円	28万7000円	23万2000円
50歳	501万円	34万9000円	30万2000円	24万7000円

（一般女性）係長以下

	年収	給与総額	所定内給与	基本給
30歳	351万円	24万8000円	22万3000円	17万5000円
40歳	371万円	25万2000円	23万1000円	19万7000円
50歳	369万円	26万1000円	23万2000円	20万円

（管理職）課長以上

	年収	給与総額
40歳	654万円	44万5000円
50歳	708万円	47万3000円

この「ズバリ！　実在賃金」があれば、いろいろな疑問にお答えできます。例えば、こんな感じです。

Q　若手の給与を見直したいが、相場はいくらですか？（東京都の会社）

A 「30歳　男性」というところに絞ってみますと、こんな金額が出てきます。（首都圏版）年収４２３万円、給与総額29万円、所定内給与24万３０００円、基本給20万７０００円

年収と給与総額の差が「賞与」であり、それは年間で75万円でした。給与総額と所定内給与との差額は「時間外手当」で、それは4万７０００円ありました。所定内給与と基本給との差額は「諸手当」で、それは3万６０００円ありました。

Q 機械設計技術者（30歳）を採用することになりました。どのくらい払えば良いですか？（愛知県の会社）

A そのような理系は「中」では採用しにくいので「上」を基準にしてください。「30歳男性」の「上」は、次です。（愛知県版）

年収５１５万円、給与総額34万円、所定内給与27万５０００円、基本給24万円

Q 若手の課長（35歳）から「給与が低い」と文句をいわれました。ヨソはいくらぐらい払っていますか？（東京都の会社　社員30人未満）

A 「30代　部課長」の「下」は、給与総額40万円です。このあたりが下限だと思われます。左記（26ページ）は「ズバリ！　実在賃金」（首都圏版）からです。

Q 定年を迎える部長がいます。60歳以降もしばらく部長を続行してもらいたいのですが、ヨソはいくらぐらい払っているのでしょうか？（愛知県の会社）

A 「59歳の管理職」の「上」は年収８１９万円、給与総額51万９０００円で、「中」は年収６８３万円、給与総額45万６０００円です。部長ならこの「上」と「中」の間です。管理職が60代になっても続行している場合は、減額率をみると年収で93%、給与総額が97%になっています。（愛知県版）

これらの各種グラフは、北見昌朗および

管理職賃金総額（全業種・全規模・30代）

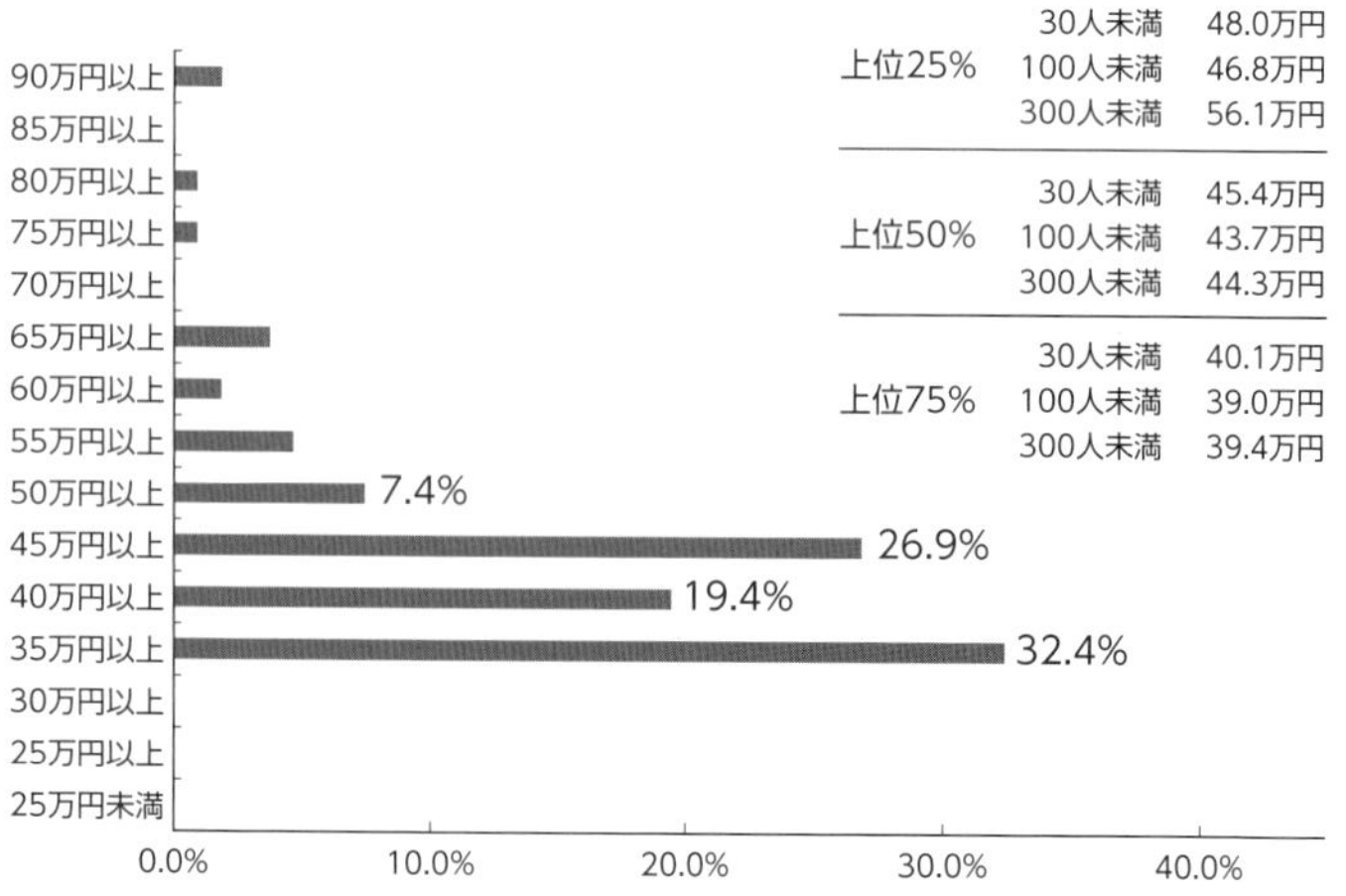

仲間の社労士が講師になったセミナーでは、参加者に配布しています。

▼「ズバリ！　実在賃金」は全国47都道府県向けに作成

筆者は、給与に関する地域格差を補正する手法を考案しました。これにより、「ズバリ！実在賃金」は全国各地向けに提供が可能になりました。そのおかげで、こんな質問にもお答えできます。

Q 当社は福岡県で、金属加工の製造業です。社員は１００人です。福岡県の給与相場はいくらぐらいですか？

Q 当社は宮城県で、卸売業をしています。社員は80人です。宮城県の給与相場はいくらぐらいですか？

PART 3

参考にしにくい給与調査とは

▼その①　東京都中小企業賃金・退職金事情はアテにならない

インターネットで「賃金　中小企業」と検索すると、どんな情報が出てくるでしょうか？トップページに出てくるのは、厚労省等の役所のサイトです。とくに東京都産業労働局の中小企業の賃金・退職金事情が上位に出てきます。左記がこの東京都のサイトです。

給与調査は以前各地で行われていましたが、廃止されることが多かったので今では少なくなりました。そのせいもあり、全国がこの東京都調査を参考にしているのではないかと推察します。

ところが、この東京都調査は疑問符の付く代物なのです。ちなみに２０２１年度の「モデル賃金」という箇所をここ（30ページ）に転載しましょう。

いかがですか？　率直な印象として、高いとか、低いとか、どんな印象を抱かれますか？

筆者の受け止めは、

「信じられないほど高い」

です。この金額は、時間外手当を除いた所定時間内給与（通勤手当除外）で、このほかに時間外手当が付いたら、とんでもない給与総額になってしまいます。

実際に計算してみましょう。55歳の高校卒は36万８０００円、大卒は41万２０００円になっています。分母の月間所定勤務時間が１７０時間だったとすると、１・25倍した単価は高卒が２７０６円、大卒が３０２９円です。かりに月間30時間の残業をしたとすれば、給与総額は44万９０００円、50万２０００円になります。

こんな給与が〝相場〟といえるのでしょうか？　筆者からすれば、誤解の種を作っているようなものです。

（出所）https://www.sangyo-rodo.metro.tokyo.lg.jp/toukei/koyou/chingin/r3/index.html

ところで、この「モデル賃金」とは何かご存じですか？

それについては次のような説明が載っています。

「モデル賃金とは、学校を卒業してすぐに入社した者が普通の能力と成績で勤務した場合に、当該企業の賃金規定および昇給事情のもとで、通勤手当を除く所定時間内賃金の固定部分が、勤続年数に応じてどのように上昇するかを算出したものをいう。本調査では、モデル条件に合致する者がいない場合には、賃金規定や給与表などによってモデル条件に最も近い者を参考に、モデル年齢の者がいると想定して回答を求めた」

モデル賃金

(単位：円)

年齢	高校卒		高専・短大卒		専門学校卒		大学卒	
	所定時間内賃金（通勤手当を除く）	上昇係数	所定時間内賃金（通勤手当を除く）	上昇係数	所定時間内賃金（通勤手当を除く）	上昇係数	所定時間内賃金（通勤手当を除く）	上昇係数
18	186,930	100.0	-	-	-	-	-	-
20	193,921	103.7	196,646	100.0	198,769	100.0	-	-
22	205,089	109.7	208,645	106.1	211,411	106.4	212,499	100.0
25	219,073	117.2	224,319	114.1	227,094	114.3	233,592	109.9
30	248,071	132.7	252,803	128.6	256,135	128.9	270,209	127.2
35	271,565	145.3	277,381	141.1	281,614	141.7	300,224	141.3
40	297,276	159.0	303,870	154.5	307,207	154.6	330,923	155.7
45	323,232	172.9	330,847	168.2	332,318	167.2	360,031	169.4
50	348,073	186.2	361,188	183.7	360,466	181.3	398,035	187.3
55	368,244	197.0	379,863	193.2	379,492	190.9	412,894	194.3
60	372,101	199.1	383,965	195.3	383,721	193.0	419,871	197.6

※上昇係数は初任給を100.0として算出している。

（出所）https://www.sangyo-rodo.metro.tokyo.lg.jp/toukei/koyou/r3chintyo_2-5.pdf

注目して欲しいのはココです。

「学校を卒業してすぐに入社した者」（つまり中途採用者は対象外）

「普通の能力と成績で勤務した場合」（「標準的に昇格昇進を遂げた方」という意味なので、

「課長以上」の給与のことです。ちなみに課長未満の人は一般社員の85％を占めますが、その給与額ではありません）

つまり、この「モデル賃金」とは〝ヒラ社員〟の給与ではないのです。若い頃はヒラ社員として時間外手当を別にもらっていると推察できますが、一定の年齢で課長になり時間外手当含みの給与になっているはずです。課長になったのは何歳なのか記載もありませんから、時間外手当込みの給与なのか、時間外手当別の給与なのか判然としません。

この「所定時間内賃金の固定部分」は、役職者に時間外手当を払うのか払わないのかという問題にもつながります。課長以上の役職者の給与は〝みなし時間外手当〟が含まれていることが多いものです。ところがこの調査では全額が「所定時間内賃金」ということになってしまう。

「みなし時間外手当」なのか「基本給」なのかでは大違いです。

実は、この「モデル賃金」は会社の給与制度に大きな影響力を持っています。読者諸兄姉は、等級号俸制の賃金表をご覧になったことがあると思いますが、賃金表を作る際にはいまでもこれを下敷きにしています。

具体的には、①モデル賃金ラインを引く、②職能給＋勤続給＋年齢給という3つを足して、モデル賃金に合わせる、という作業をします。

給与コンサルタントを自称する人は、ほぼ全員がこの「モデル賃金」を基準にして給与制度を提案しています。バックデータ自体に問題があったら全体がおかしくなりますが、いまだに使われています。

東京都の給与調査は、「モデル賃金」とは別に「実在の給与」も載せています。２０２１年度版に載っているものを転載しましょう。これは源泉徴収票の額ですから、賞与・時間外手当込み

モデル賃金と賃金表の関係

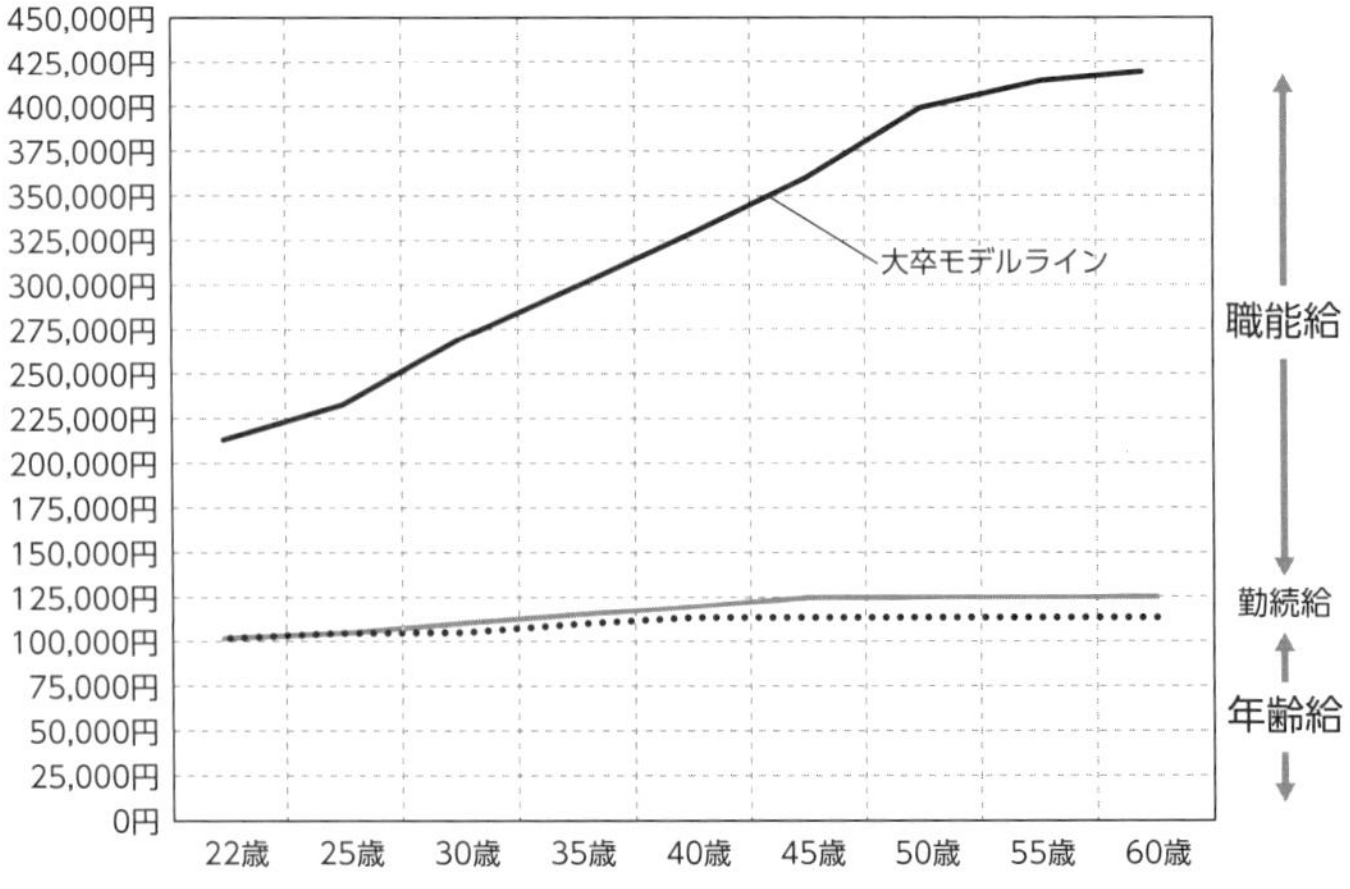

（通勤手当除外）です。

　この金額をご覧になられて、どんな印象を持たれますか？

　筆者は「あぜん」とするだけです。

「いったい、どこを調べたら、こんな額になるのでしょうか？」

「55歳～59歳」で男性６５３万円、女性５０１万円となっていますが、それが〝労働者の平均〟なのでしょうか？

　男性６５３万円というのは、「ズバリ！　実在賃金」の調査より１００万円以上も高いのです。筆者は毎年「ズバリ！　実在賃金」を作ってきたので、東京都の調査はおかしいと断言できます。

年齢別賃金

（単位：円）

年齢区分	男性				女性			
	令和3年7月の所定時間内賃金（通勤手当を除く）	指数	令和2年年間給与支払額（源泉徴収票の支払金額）	指数	令和3年7月の所定時間内賃金（通勤手当を除く）	指数	令和2年年間給与支払額（源泉徴収票の支払金額）	指数
22～24歳	221,299	100	3,220,647	100	217,573	100	2,956,585	100
25～29歳	267,760	121	3,999,846	124	247,449	114	3,607,986	122
30～34歳	320,684	145	4,896,537	152	268,556	123	4,012,329	136
35～39歳	354,005	160	5,480,790	170	288,700	133	4,285,677	145
40～44歳	388,058	175	5,918,405	184	313,281	144	4,556,877	154
45～49歳	409,607	185	6,311,347	196	319,139	147	4,800,388	162
50～54歳	422,411	191	6,475,436	201	335,917	154	5,164,233	175
55～59歳	430,289	194	6,537,680	203	337,510	155	5,014,219	170
60歳以上	336,206	152	4,618,259	143	294,444	135	4,035,434	136

※指数は22～24歳の賃金を100として算出している。

（出所）https://www.sangyo-rodo.metro.tokyo.lg.jp/toukei/koyou/docs/r3_chintyo_2-4.pdf

▼その②　賃金構造基本統計調査は参考にしにくい

「賃金センサス」というのをご存じでしょうか？　正式には「賃金構造基本統計調査」といいます。

この賃金センサスは、給与水準を調べるための大規模な調査です。ちなみに「大阪府　男性　全規模」を見てみましょう。２０２０年の主な数字を転載します。「賃金センサス　都道府県別」と検索すれば出てきます。

ちなみに「30～34歳　男性　規模計（10人以上）」を見てみますと、こんな金額が載っています。

所定内実労働時間	１６６時間
時間外	15時間
きまって支給する現金給与額	33万３０００円
所定内給与額	30万円

「きまって支給する現金給与額」とは、時間外手当、通勤手当を含んだ給与総額のことで

あり賞与は入っていません。

「所定内給与額」とは時間外手当を除いたもので、通勤手当が含まれています。

この勤務時間数や給与額をご覧になって、アレ？　と気付かれませんか？　筆者は、まず時間外が少ないことに目がいきます。

「残業が月15時間だって？　妙に少ないな」

という印象を持ちます。それもそうです。この賃金センサスの調査は、労基署が行っています。労基署と書かれた、あの茶封筒が送られてきたら、会社はどう受け止めるでしょうか？

「労基署だって！　さては誰かがチクったのだろうか？　うちは残業が多いし、年休も取り切れていない。それに不満を持った奴が電話したのではないだろうか？」

という戸惑いも予想されるでしょう。そこでこんな

（出所）https://www.e-stat.go.jp/dbview?sid=0003426933

心理が生まれないとも限りません。

「残業はあまりなかった、ということにしておこう。ここは上手に記載して………」

アンケート調査ですから給与明細等を添付する必要もないので、充分考えられることです。

また、同調査には、次のような問題点もあります。

> ①調査対象は「常用労働者」で、それには正社員のみならず、フルタイムの非正規労働者も含まれている。
> ②通勤手当も含まれている。

そもそも調査対象は〝正社員〟に絞られていないのです。「大阪府の男性の平均給与額」を知って、会社はそれを何に利用できるのでしょうか？　その中には部長も入っていればフルタイムの非正規従業員も入っています。会社が欲しいのは、

「50代の管理職の相場を上中下に区分した金額を知りたい」

など具体的なもののはずです。

また、通勤手当も含まれている点は、この統計の致命的欠陥です。通勤手当はいくら入っているのか明示されていません。これでは活用の仕方もわかりません。

▼その③　引き上げが目立つ初任給

北見式賃金研究所は、２０２３年4月入社の新卒初任給および採用状況を調査しました。採用の目標人数が未達になっているところが3分の２（愛知県版）に及び、採用難に苦しんでいる状況が明らかになりました。そのような事情から初任給の引き上げに踏み切るところが増え、過去2年以内に増額したところが2、３割に達しました。筆者は「コロナ不況も終え、採用活動が活発化しており、求人難の再来となっている。これからは人が集まるかどうかが業績を左右する。若手が入ってきて定着してもらえるように態勢整備が必要だ」と強調しています。

この調査は、首都圏（東京・神奈川・千葉・埼玉）、愛知県、関西圏（大阪・京都・兵庫）で行いました。首都圏および関西圏は筆者が親しくしている社労士が情報を集めました。愛知県に関しては北見式賃金研究所の単独調査です。社労士の顧客が調査対象です。調査時期は２０２２年11月。

調査対象企業は、次の通りです。

首都圏＝29社（求人票の数は49本）

愛知県＝１００社（求人票の数は２１０本）
関西圏＝16社（求人票の数は34本）

調査にあたっては、最近問題になっている固定残業代の扱いに細心の注意を払いました。固定残業代を除外した所定内給与に限定することで、同一比較が可能になるようにしました。相場を割り出すにあたっては、いわゆる平均値ではなく分布を重んじることとし、次のようにランク分けをしました。

上位数＝上位25％
中位数＝中位50％
下位数＝下位75％

そこで出てきた金額は次の通りです。

【首都圏】

（大卒　総合職）

上位数＝23万円

中位数＝21万３０００円

下位数＝18万５０００円

（高卒）

上位数＝18万７５００円

中位数＝18万５０００円

下位数＝17万６０００円

ちなみに東京都の調査では、次の通りです。

高卒　18万７０００円　大卒　21万３０００円（２０２２年）【注：１０００円未満切り上げ】

初任給の上昇が著しくなったのはアベノミクスが始まった２０１２年からで、それと２０２２年とを比較すると、次のような違いがあります。

高卒17万6000円　大卒20万4000円（2012年）

↓

高卒18万7000円（1万1000円増、6・25％増）　大卒21万3000円（9000円増、4・41％増）（2022年）

【愛知県】

（大卒　総合職）

上位数＝21万2500円

中位数＝20万5000円

下位数＝19万9000円

（高卒）

上位数＝18万7200円

中位数＝17万5000円

下位数＝17万円

【関西圏】
（大卒　総合職）
上位数＝20万5000円
中位数＝20万円
下位数＝19万円

（高卒）
上位数＝18万円
中位数＝17万9000円
下位数＝17万8000円

また、初任給の引き上げの動きも顕著です。2023年4月入社者の初任給が2021年および2022年と比べて引き上がっているところは、次のような比率に達しています。

【首都圏】
初任給は、36・7％のところが上がっていました。

【愛知県】

初任給は、19・0％のところが上がっていました。

【関西圏】

初任給は、35・2％のところが上がっていました。

なお、いわゆる固定残業代に関してはハローワークが問題視していて、求人票に正確に記載するように指導していますが、それが含まれているところは、次のようなウエートがありました

【首都圏】

固定残業代が初任給に含まれているところは、16・3％ありました。

【愛知県】

固定残業代が初任給に含まれているところは、21・0％ありました。

【関西圏】

固定残業代が初任給に含まれているところは、29・４％ありました。

求人難に苦しむ中小企業が求める情報は、初任給もさることながら、実際に採用できているか？　ということだと思います。そこで北見式賃金研究所は愛知県下の自社顧客に電話をかけてヒアリングしました。

その結果、目標人数を達成した会社は33・０％で、未達の会社が67・０％に及んでいました。そのうち、まったくゼロだったところも23・１％ありました。

合同会社説明会に参加しても、自社ブースに座ってもらえない会社もあり、こんなコメント。

「採用イベントでの自社説明ブースへの来場者が少なく、従来と違う厳しさがあった。」卸売業。大卒初任給21万２０００円。目標人数２人に対して内定者１人。愛知県。

求人難の背景には、大手の積極採用もある様子で、こんなコメントも。

> 「近隣企業の大手がかなり採用して完全に不足状態。」製造業。高卒初任給17万８０００円。目標人数12人に対して内定者１人。愛知県。

特に高卒に対しては求人が殺到している様子で、こんなコメントも。

> 「高校とのパイプだけでは難しくなった。今年は予定数確保したが、今後は社内の担当業務をどうするか（パートとのすみ分けなど）を考え、高卒を採用しないことも検討。」製造業。高卒初任給17万円。目標人数３人に対して３人に内定。愛知県。

> 「各高校別担当が再度のお願い中（大苦戦）。」製造業。高卒初任給16万８０００円。目標人数５人に対して内定者数ゼロ。愛知県。

なかには、次のように〝豪語〟する会社もありますが、その初任給の高さが人気の秘訣だとか。

「高卒は苦戦しているものの、予定数を多くしており、結果13名はいい結果だと認識。」製造業。高卒初任給19万２０００円。目標人数20人に対して13人内定。愛知県。

募集条件の低さを痛感して、今後見直しを検討する会社も少なくなく、こんなコメントも。

「大卒高卒を含めて３－４名募集するが、内定者ゼロ。中途採用も募集をかけているが、反応なし。年間休日93日がネック。宿直24時間勤務対応も学生が嫌う。」サービス業。大卒初任給22万３６１５円。目標人数３人に対して、内定者ゼロ。愛知県。

「なかなか集まらず、次年度に向けて初任給見直し検討に入るかもしれない。」製造業。高卒初任給17万７０００円。目標人数30人に対して16人内定。愛知県。

せっかく内定して期待していた人に辞退されるのは辛いようで、次のようなコメントも。

「苦労してなんとか2名まで内定者を出していたが、9月に2名とも辞退。1名は他社へ、1名は留年が理由。」卸売業。大卒初任給21万6380円。目標人数3人に対して内定者数ゼロ。愛知県。

「内定式前に3名全員内定辞退。号（┳Д┳）泣」卸売業。大卒初任給20万3000円。目標人数3人に対して内定者ゼロ。愛知県。

男性の採用が難しいこともあって、女性中心に切り替えた会社もあって、こんなコメントも。

「7名のうち6名が女性で全員営業。従来は男性営業を中心に採用していたが、最近は活躍している女性も目立つ。」製造業。大卒初任給21万5150円。目標人数7人に対して内定者数7人。愛知県。

▼集まる会社になるためのアドバイス

意識するべきは上位数

「当社の初任給は、他社の求人票と比べると、おおむね相場に沿っています。高くもないが低くもありません。でも応募がサッパリありません。なぜでしょうか?」

という質問をよく受けます。筆者はいつも次のようにお答えします。

イマドキは、どこの会社も求人難で困っています。求人票が例えば１００社あったとします。その中で50番目に位置するのを「中位数」といいますが、その「中位数」であれば問題ないというわけではありません。言ってみれば「採用できている会社の中位数」を意識するべきです。ということは、やはり上から25番目の「上位数」こそ意識するべきです。

見た目も大事

初任給は、金額の高さが問題になりますが、それのみではなく見た目が肝心です。例えば、こんな大卒初任給があったとします。

卸売業　営業職
基本給　20万５０００円
営業手当　３万円（固定残業代。月間20時間分を超えたら別途時間外手当を支給します）

このような求人票を見ると、応募者はどんな印象を持つのでしょうか？　なかには、「固定残業代として3万円と書いてあるけれど、どうせそれで打ち切りではないだろうか？定額働かせ放題のブラック企業ではないか？」というネガティブなイメージを抱く向きもいることでしょう。そんなイメージを持たれたらイマドキは人が集まりません。こんな給与の場合は、次のように訂正されたらいかがですか？

卸売業　営業職
基本給　20万５０００円
営業手当　３万１４８円（固定残業代。月間20時間分を超えたら別途時間外手当を

支給します）

このように端数があれば、１・25倍した時間外手当のイメージが明確なので、超過分をきちんと精算しているホワイト企業らしくなります。

注：月間勤務時間１７０時間という前提で試算してあります。

最賃の引き上げは初任給を押し上げる

「政府は最低賃金の引き上げを推進していますが、それは初任給にどんな影響を与えそうですか？」

という質問をよく受けます。２０２２年10月の最低賃金は約30円という大幅な引き上げでした。この30円は、週40時間だと月額で約５０００円になります。この最賃引き上げは正社員の初任給に大きな影響を与えると思います。次のような玉突きになるからです。

最低賃金が引き上げられる
↓
パートタイマーの時給が上がる

↓正社員で一番若い人（高卒の新卒）の給与が非正規に追いつかれる
↓若手正社員の定着率が悪くなる
↓会社は正社員の給与を見直さざるをえなくなる

東京都の最低賃金は２０２２年10月より１０７２円になりました。勤務時間が月間１７３時間だったとすれば月額18万５４５６円になります。高いなあという印象を筆者は持ちます。ちなみに東京都の調査では、高卒初任給は18万７０００円（２０２２年）なので、最賃スレスレです。

高卒初任給は低過ぎる？

これは私見ですが、初任給が今後数年のうちに大きく引き上がると想像しています。例えば高卒初任給が18万円だとしても、それを月間１７０時間で割れば1時間で１０５９円であり、パートタイマーと比べても高くありません。

高卒の若手は、離職率が高い傾向があります。筆者は、定着率の悪化の背景に給与問題があるとみています。毎月の給与だけ見ていると、正社員を辞めてパートになっても大して損しないからです。

筆者は、高卒初任給は東京で20万円、愛知・大阪で19万円という時代が数年で来ると予想しています。

筆者が動画で詳しく解説しています。
ご視聴にはパスワードが必要です。
パスワードは「k2xg4」。ＱＲコード

▼その④　昇給額　中小企業の実態はこんなもの

昇給に関しても、筆者は独自に調査しています。その手法は、実際の給与明細を使います。給与計算はパソコンで行っているので、それをエクセルに変換できます。変更前・変更後の給与を比較すれば、それが昇給額になるわけです。

調査は、「基本給がいくら上がったか?」「所定内給与がいくら上がったか?」という2つの観点で行っています。「所定内給与」とは、役職手当・家族手当・住宅手当等の諸手当を含めた額であり、その増減を調べます。

この調査は、首都圏・愛知県・関西圏で行っていますが、愛知県（２０２１年版）のものを載せましょう。サンプル数は、１８６社、１万４３３３人です。

▶男性（管理職・一般・全年齢）の昇給額

昇給額 基本給

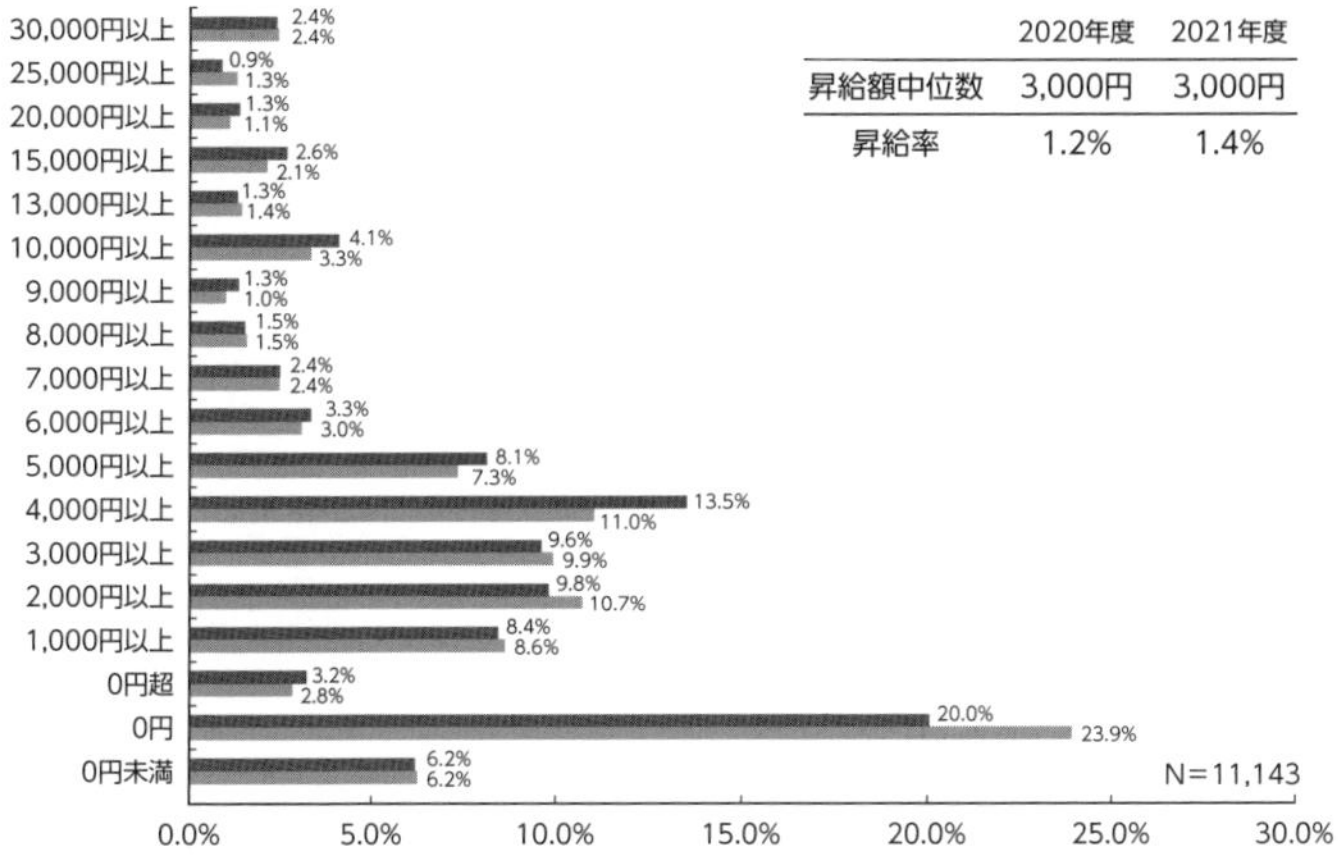

	2020年度	2021年度
昇給額中位数	3,000円	3,000円
昇給率	1.2%	1.4%

昇給額 所定内

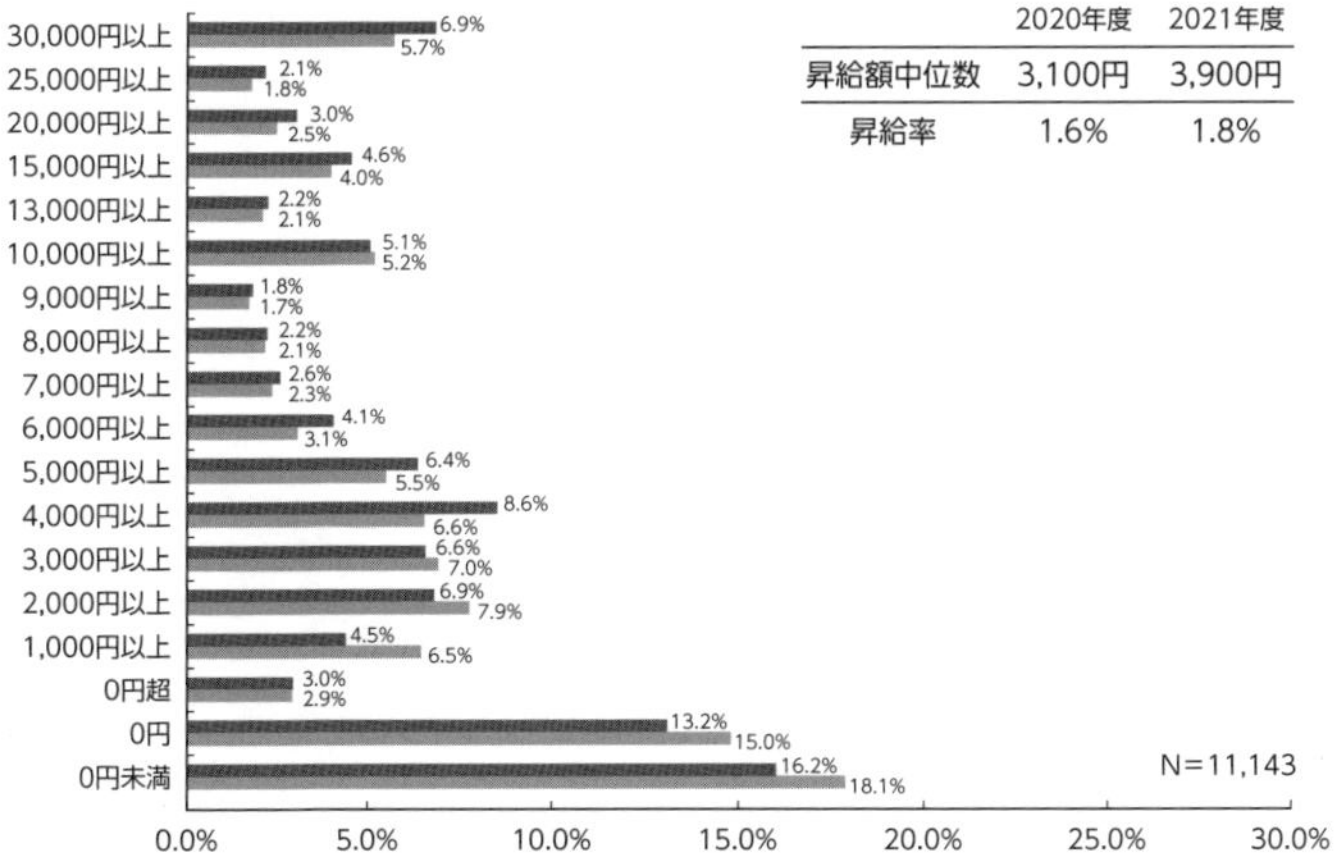

	2020年度	2021年度
昇給額中位数	3,100円	3,900円
昇給率	1.6%	1.8%

▶女性（管理職・一般・全年齢）の昇給額

昇給額 基本給

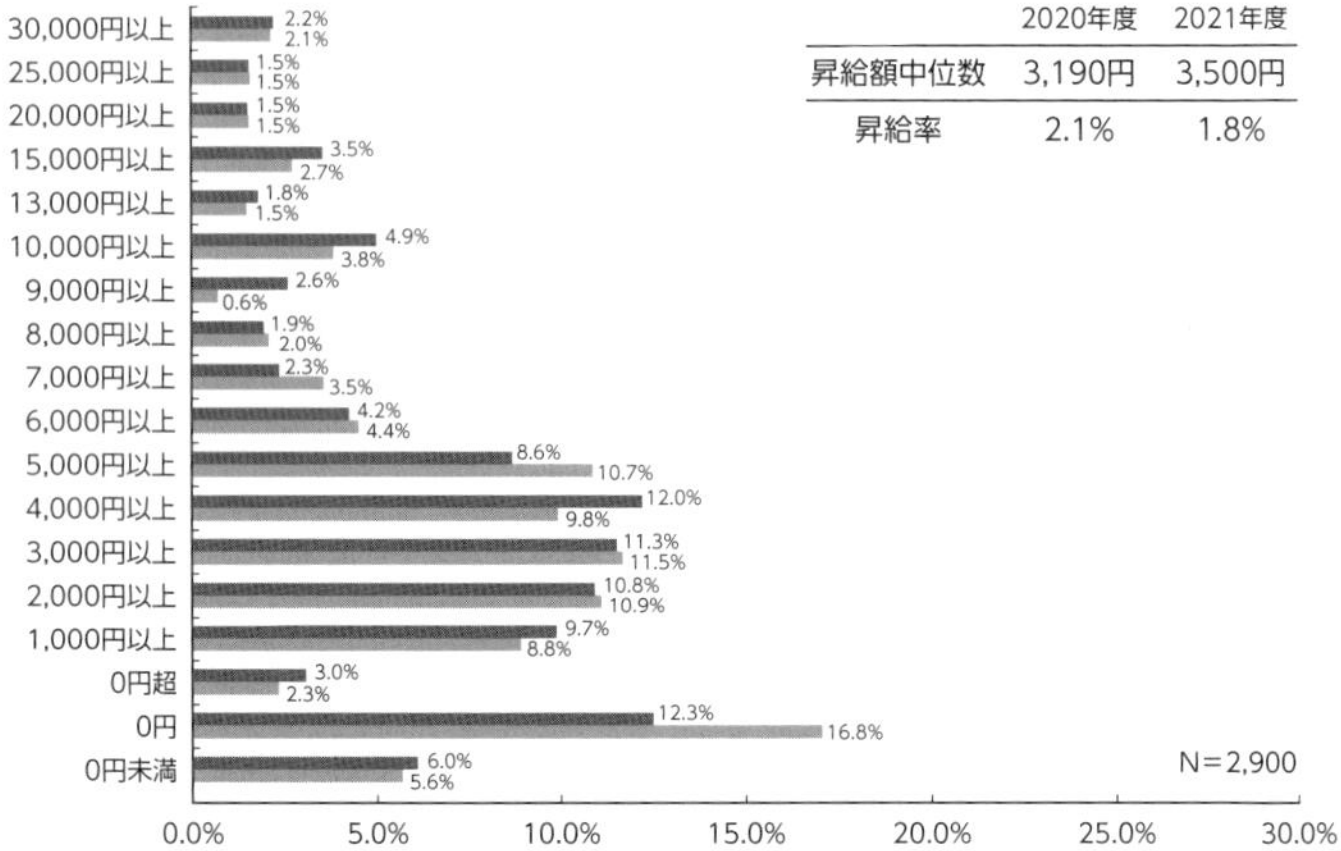

	2020年度	2021年度
昇給額中位数	3,190円	3,500円
昇給率	2.1%	1.8%

昇給額 所定内

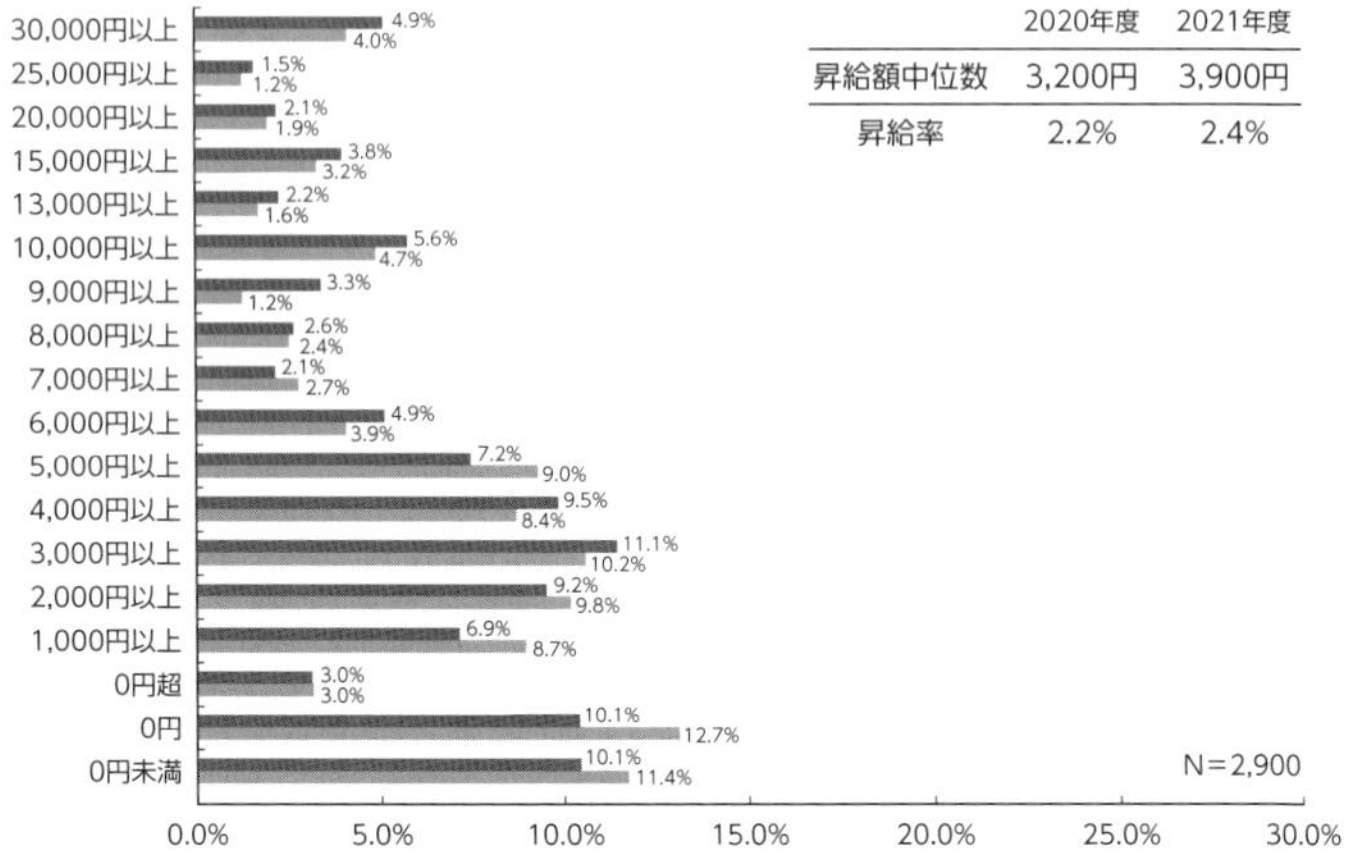

	2020年度	2021年度
昇給額中位数	3,200円	3,900円
昇給率	2.2%	2.4%

このように、男性の場合なら、基本給で３０００円、所定内給与で３９００円ぐらい上がるのが中小企業の相場のようです。

女性の場合は、基本給で３５００円、所定内給与で３９００円ぐらい上がっています。

昇給の男女間格差は、これを見る限りあまりないようです。

昇給額は年代ごとに大きな差がありますので、「第４部　実践！　給与決定の行い方　PART 1　昇給額はこうして決める」で詳述します。

筆者が動画で詳しく解説しています。
ご視聴にはパスワードが必要です。
パスワードは「u6pq8」。ＱＲコード

▼参考にしにくい昇給調査とは

賃上げの調査は、案外正確な情報が得にくいものです。その一例として、東京都の調査を挙げます。「東京都　賃上げ調査」と検索すると、左記のサイトが出てきました。

これは「２０２２年　春季賃上げ要求・妥結状況について（中間集計）（２０２２年３月

24日現在)」という表題になっています。

調査対象は、都内にある１０００の労組です。その中で「集計可能」なのは48件です。もう一度申しますが、たった48件のサンプルに過ぎないのです。筆者からしてみれば、

「そんなんで調査なの?」

と首を傾げたくなります。中を読むと、

「賃上げ(月例賃金)の平均妥結額は７７８４円　賃上げ率2・39%　対前年比１８０３円(30・15%)増」

となっています。

ここでも、筆者は首を傾げたくなります。もしも７７００円が昇給の相場だとするならば、その後の給与はいくらになるでしょうか?

高卒初任給が18万円だとして、それに42年間足し続けると、定年時には36万４８００円になります。この金額は、長年給与調査をした筆者には、非現実的な数字だとしか思えません。公務員の給与レベルに近い金額です。

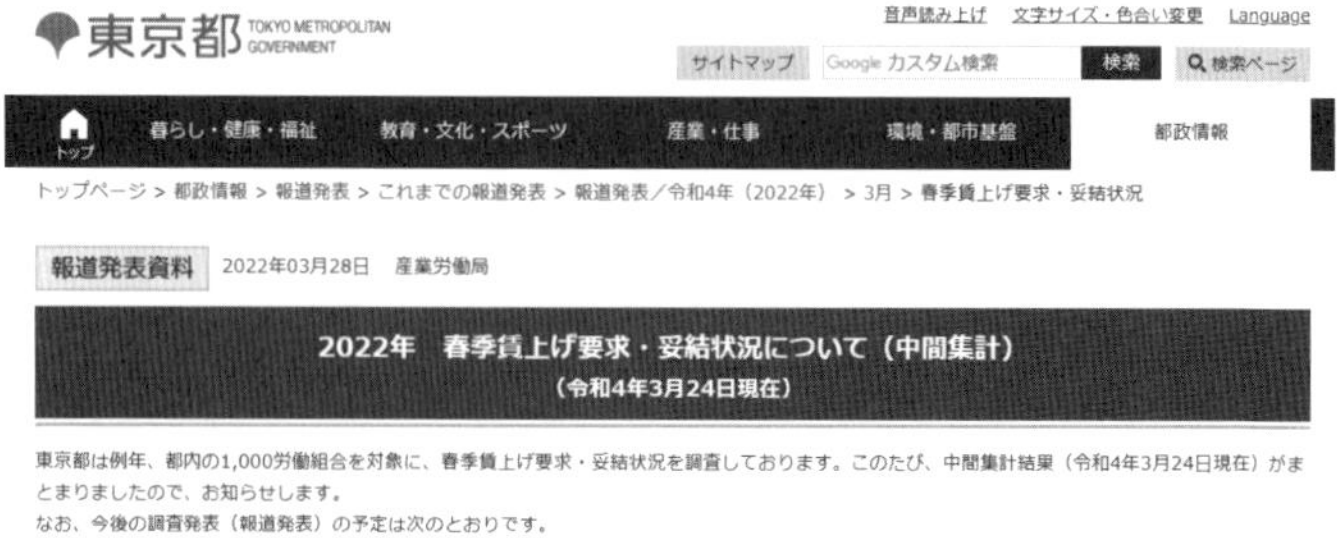

（出所）https://www.metro.tokyo.lg.jp/tosei/hodohappyo/press/2022/03/28/11.html

第2部

給与制度の作り方

PART 1

若手が採れる・定着する！北見式給与制度の作り方

「給与制度を整備したい」

筆者は、そんなご依頼をよく受けます。筆者が目標として意識しているのは次の３つです。

A　ヨソに負けない給与にする
B　上昇意欲を沸き立たせるものにする
C　労働法規を遵守する

「A　ヨソに負けない給与」というのは目標としてわかりやすいでしょう。なんといっても「会社はオカネをもらうために行くところ」です。

「B　上昇意欲を沸き立たせるものにする」は、大事なことだと思います。

筆者は、給与制度の中で一番の鍵は役職手当だと考えています。例えば、主任になったらいくら、係長はいくら、課長はいくら手当が付くのか示すことは、社員の上昇意欲を引き出すうえで重要です。

イマドキは「課長になりたい」「部長になりたい」と願わない若者が多いが、それは収入が責任に伴わないせいだと思います。とくに課長になって時間外手当が付かなくなる給与制度ではなおさらです。早く上になりたいと思わせるにはオカネが必要です。

また、公的ライセンスを取得した人に出る資格手当も仕事によっては必要です。どんな資格を取得したら、手当がいくら付くのか示すことは、勉強の奨励となります。

「C　労働法規を遵守する」は、コンプライアンスが問われる今日では、当たり前のこととして求められます。ここは重要なので詳述します。

PART 2

「課長の時間外手当」が焦点に！労基法の問題

給与制度を整備するうえで気を付けたい法的なポイントは、次の3点ではないかと筆者は思っています。

①時間外手当の支払い
②同一労働同一賃金
③最低賃金法の遵守

「①時間外手当の支払い」は、次がポイントです。

Q 労働時間の把握は適切か？

Q 時間外手当の計算式は適切か？

Q 名ばかり管理職問題はないか？

時間外手当の計算式は、「基礎賃金÷月間の所定勤務時間×法定割増率＝時間外手当」という計算式で算出されます。この「基礎賃金」には含まれないものが次のように限定列挙されています。

「家族手当、通勤手当、別居手当、子女教育手当。住宅手当。臨時に支払われた賃金、1カ月を超える期間ごとに支払われる賃金」が、それに該当します。

ただし、「家賃の何％」等と決まっている住宅手当は除外できます。

筆者は新規顧客を受注した際にヒアリングしますが、時間外手当の計算に誤りがあるのは90％以上におよびます。

時間外手当の件で、最近問題になっているのは名ばかり管理職です。労基法は41条で次のように定められています。

（労働時間等に関する規定の適用除外）第41条

（省略）労働時間、休憩及び休日に関する規定は、次の各号の一に該当する労働者については適用しない。

二　事業の種類にかかわらず監督若しくは管理の地位にある者又は機密の事務を取

り扱う者

ただし、都道府県労働局のサイトにはこのように記載されています。

> 会社内で管理職としての地位にある労働者でも、労働基準法上の「管理監督者」に当てはまらない場合があります。例えば、会社では『店長』を管理職と位置づけていても、実際に労働基準法上の『管理監督者』に係る判断基準からみて、十分な権限もなく、相応の待遇等も与えられていないと判断される場合には『管理監督者』には当たらず、残業手当を支払わないでよいということにはなりません。次に掲げる判断基準に基づき総合的に判断した結果、労働基準法上の「管理監督者」に該当しない場合には、労働基準法で定める労働時間等の規制を受け、時間外割増賃金や休日割増賃金の支払が必要となります。
>
> ○労働時間、休憩、休日等に関する規制の枠を超えて活動せざるを得ない重要な〝職務内容〟を有していること
>
> ○労働時間、休憩、休日等に関する規制の枠を超えて活動せざるを得ない重要な〝責任と権限〟を有していること

> ○現実の〝勤務態様〟も、労働時間等の規制になじまないようなものであること
> ○〝賃金等〟について、その地位にふさわしい〝待遇〟がなされていること

この要件は、例えば「何時に来て、何時に帰ってもいい立場」「役員会への出席」などが問われますので、実際には否認されるケースが多いもの。筆者は、中小企業では課長と呼ばれる人はほとんど対象外になると思っています。

課長の時間外手当をどうするか？　は、給与制度を作るうえで最重要事項になっています。

「②同一労働同一賃金」は、今日的問題です。最近では都道府県労働局の雇用環境・均等室が指導に回っています。社労士の筆者もその指導の場に立ち会いますが、その際には次のような指摘がなされています。

> **Q**　通勤手当は、正規・非正規との間で格差があるか？
> **Q**　特別休暇（冠婚葬祭等）は、正規・非正規との間で格差があるか？

また、家族手当、住宅手当、食事手当、皆勤手当等がある場合も同様の指摘がなされています。

筆者がみるところでは、主に60代の嘱託に対して手当を払っていなくて問題がある場合が多いようです。

「③最低賃金法の遵守」においては、案外その計算方法が難しいもの。諸手当を入れるのか入れないのかが問題です。下記は厚労省のサイトの転載です。

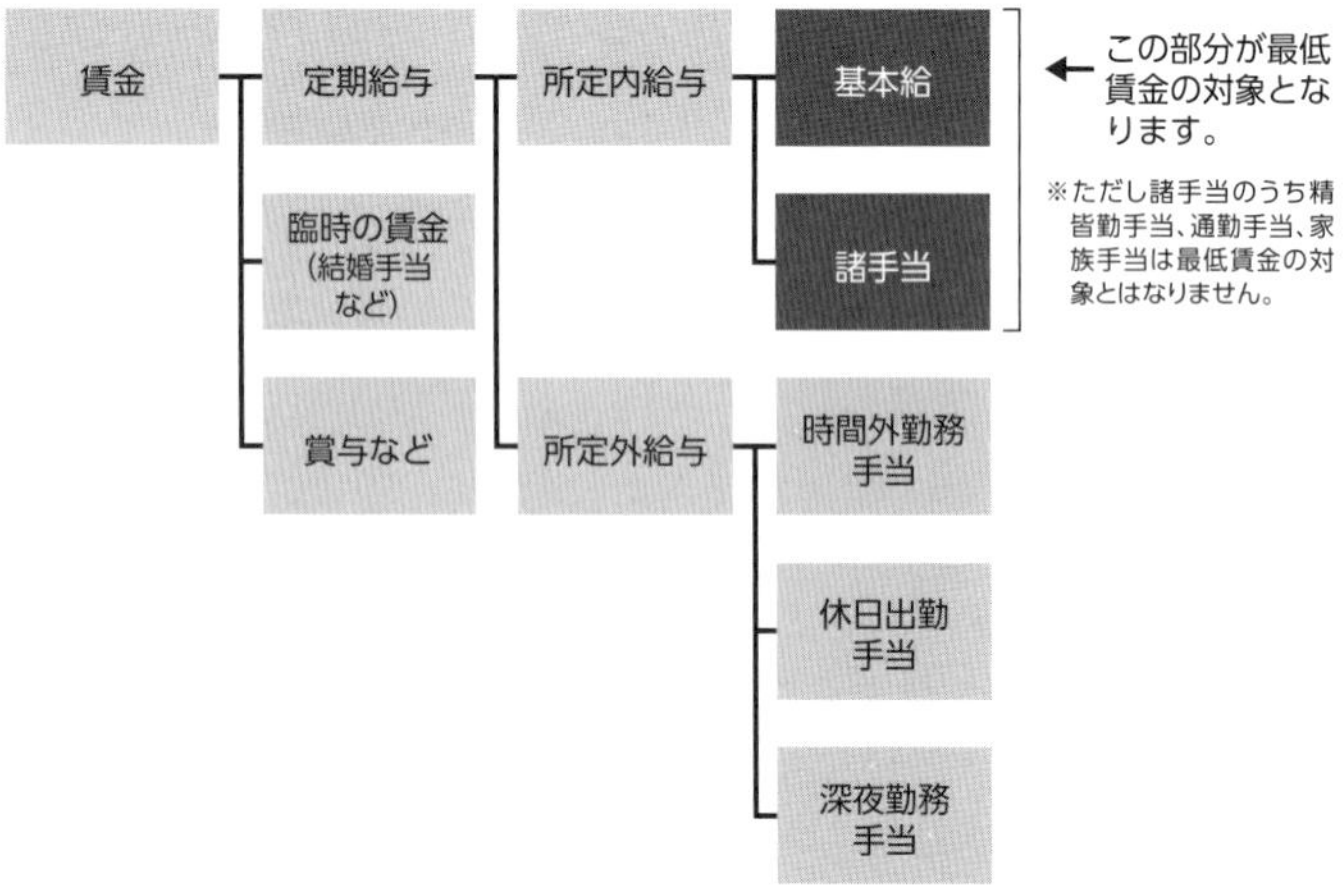

（出所）https://www.mhlw.go.jp/www2/topics/seido/kijunkyoku/minimum/minimum-12.htm

PART 3

初公開！　北見式給与モデルの見本

「どんな給与制度が良いのだろうか？」

と思いあぐねている経営者は多いことでしょう。そこで筆者がその見本をお見せしましょう。

これは2023年版の給与モデルです。イメージした地域は「東京」ですので、愛知・大阪の場合はこれより基本給が多少低くなると思ってください。

この給与モデルは「総合職」を前提にしています。筆者がいうところの「総合職」とは大卒、高卒という学歴を意味していません。それは長期的な観点で育てる主力メンバーのことです。製造業なら製造職、卸売業なら営業外勤職等です。

金額面で説明するならば、総合職とは「年収500万円を前提に処遇するコース」です。一方の一般職とは「年収350万円を前提に処遇するコース」となります。

もっとわかりやすくいうのならば、本人が辞めるといい出したら、社長が真っ青になって落ち込んでしまう人、それが総合職です。

この給与モデルは、18歳から30歳という若手に絞っています。「A基本給」をご覧ください。18歳は18万6000円、22歳は21万円になっていますが、これは高卒、大卒の初任給です。（愛知・大阪の場合はこれより基本給が数千円程度下だと思ってください）

「18歳18万6000円」を起点とし、基本給の右側にある「昇給」（あ）を足していくと、30歳で25万円になります。30歳で主任となったという前提で役職手当（B）が1万円付いています。資格手

2023年版　北見式給与モデル
(総合職・30歳・年収450万円)

	A	あ	B	C	D	E	い	F	G	う	え	H	I	お	
						ABCD			EF						
年齢	基本給計	基本給昇給	役職手当	資格手当	子供手当	所定内	所定内昇給	時間外手当(20H)	賃金総額	給与総額昇給	月数	年間賞与額	年収	年収増	
30	250,000	5,000	10,000			260,000	15,000	38,235	298,235	17,206	3.5	910,000	4,488,824	381,471	主任
29	245,000	5,000				245,000	5,000	36,029	281,029	5,735	3.0	735,000	4,107,353	83,824	
28	240,000	5,000				240,000	5,000	35,294	275,294	5,735	3.0	720,000	4,023,529	83,824	
27	235,000	5,000				235,000	5,000	34,559	269,559	5,735	3.0	705,000	3,939,706	83,824	
26	230,000	5,000				230,000	5,000	33,824	263,824	5,735	3.0	690,000	3,855,882	83,824	
25	225,000	5,000				225,000	5,000	33,088	258,088	5,735	3.0	675,000	3,772,059	83,824	
24	220,000	5,000				220,000	5,000	32,353	252,353	5,735	3.0	660,000	3,688,235	83,824	
23	215,000	5,000				215,000	5,000	31,618	246,618	5,735	3.0	645,000	3,604,412	83,824	
22	210,000	9,000				210,000	9,000	30,882	240,882	10,324	3.0	630,000	3,520,588	150,882	
21	201,000	5,000				201,000	5,000	29,559	230,559	5,735	3.0	603,000	3,369,706	83,824	
20	196,000	5,000				196,000	5,000	28,824	224,824	5,735	3.0	588,000	3,285,882	83,824	
19	191,000	5,000				191,000	5,000	28,088	219,088	5,735	3.0	573,000	3,202,059	83,824	
18	186,000					186,000		27,353	213,353		3.0	558,000	3,118,235		
平均昇給額		5,333								7,074				114,216	

※Fの時間外手当は、分母を170時間として計算した。

※Hの年間賞与額は、基本給および役職手当を基礎として計算した。(A+B)×え

当（C）というのは、公的ライセンスを取得した人に対するものです。子供手当（D）という制度がありますが、30歳でまだ子なしという前提で0円となっています。「A基本給」「B役職手当」「C資格手当」「D子供手当」を足したのが「E所定内給与」です。そして残業が月に20時間あったという想定で時間外手当（F）が付いていて、30歳時点で給与総額が29万8000円になっています。さらに賞与は、月数（え）を乗じて年間賞与額（H）となります。年収（I）は448万円になっています。

最低賃金の引き上げ動向次第では、初任給をもっと引き上げないと最賃割れする可能性もありますのでご注意ください。

給与制度を整備するというのは、このように昇給のコースを作ることです。筆者は給与モデルを作るうえで、次のような工夫を凝らしています。

▼A　基本給を高く

諸手当の中には、意味のあるものと意味がないものとがあります。意味がない手当は整理して基本給に入れるようにしています。例えば皆勤手当等はありません。

B　昇給はヨソにひけを取らない額に

基本給昇給（あ）は、「ズバリ！　実在賃金」から出てくる平均昇給額を意識しています。このモデルは30歳までになっていますが、もちろん年齢とともに昇給額は小さくなっていきます。

昇給額は「所定内昇給」（い）、「給与総額昇給」（う）、「年収増」（お）まで計算しています。社員にしてみたら、

「要するにナンボ上がったのか？」

というのは年収です。

C　高卒者に大卒並みの給与を出す

22歳の基本給昇給（あ）をご覧ください。「９０００円」という異様に大きな昇給になっています。これは大卒初任給に合わせるため、高卒者の給与を思い切り上げているからです。

イマドキの学歴は、親ガチャといわれるように親の年収に左右されがちです。自動車部品製造業の某顧客の社長は、筆者にこう話してくれました。

「高校生の女子生徒に応募動機を尋ねたところ『初任給がほかよりも高かったからです』と答えてきた。『兄弟がいますが、私が高校を出て家族を支えて、弟たちに大学に行ってもらいたい』なんていうのです。だから工場勤務で夜勤もいとわない。思わず目頭が熱くなりましたよ」

話をお伺いした筆者も、思わずうなずいてしまいました。

「親の年収のせいで学校に行けない人が出るのはおかしい」

「人間は本来平等だ。金持ちがずっと金持ちになり、貧乏人がずっと貧乏人になるのはおかしい」

というのが筆者の持論です。

筆者は、高卒、大卒の給与格差をなくしていきたいと強く思っています。だから、このような基本給を提案するわけです。これを「高大一本化モデル」といいます。製造業は高卒、大卒が入り交じって働くので、筆者の顧客の大半がこの「高大一本化モデル」の趣旨に賛同し採用してくれます。

▼D「30歳30万円」を意識する

30歳の給与総額は29万８０００円で約30万円です。筆者は「30歳で30万円を払おう」という提案をしていますが、それは一定の時間外手当を見込んだ額です。社員にしてみれば、大事なのは手取額ではないでしょうか？　給与総額の80％が手取額ですから、時間外手当も想定したうえでの給与総額を示しています。

ここのところは「残業は悪」というご時世なので、反論が出てきそうです。しかし、筆者は次のように反論したい。

Q 残業をする前提の給与モデルはおかしいのではないか？

A 中小企業では、基本給のみでは生活しにくい。残業があった方が一定の年収に近づきやすい。そこは給与水準の高い公務員や大手と同じ尺度で比較するべきではありません。

Q 時短を推進したいので残業は一切禁止したいが、いかがか？

A 時短自体は望ましいことですが、前提として一定の年収が必要です。〝年収の伴わない時短〟は人気がありません。時短したから年収が下がったのは仕方がない、とは思いません。

そう言えば、第一生命のサラリーマン川柳にこんなのがありました。

「残業をするなと会社　しろと妻」（せな君パパ）

▼E　賞与を含んだ年収を意識する

賞与は業績に連動するものですが、賃金モデルではあえて一定額を見込みました。すると年収が出てきます。このモデルでは30歳で４４８万円になっていますが、最低でも４００万円以上にはしたいものです。

給与の比較は単に基本給のみではなく、諸手当を含めた所定内給与、時間外手当を含めた給与総額、賞与を含めた年収という立体的な視点で行うべきです。

▼F　基本給の賃金表を作る

基本給というのは、年齢給＋勤続給＋査定給という３つの要素で決まると筆者は考えています。したがって、年齢給・勤続給・査定給という３つの表が必要になります。その表があってこそ先輩後輩との間のバランスが取れるからです。ここは重要ですから後のところで詳述します。

筆者が動画で詳しく解説しています。
ご視聴にはパスワードが必要です。
パスワードは「d97aw」。ＱＲコード

PART 4

「昔からある職能給」の賃金表 これだけある問題点

給与制度を作るうえで、肝心かなめなのはもちろん基本給です。それは人間の身体でいえば背骨のようなものです。背骨が曲がっていると、全体がおかしくなります。

基本給と手当は、役割の違いがあります。基本給とは、基となる給与です。求められるのは職種や職位ごとにある給与相場に負けないことです。一方の手当は、上乗せされるものであり、求められるのは合理的な基準です。

基本給を決めるため、賃金表というものを整備することがあります。「賃金表」といいますと、多くの経営者は左記（74ページ）のようなものをイメージすると思います。「職能給」「年齢給」「勤続給」という3つからなる職能給です。

この3つの中で問題になるのは「職能給」です。そもそも職能給とは何か？　辞書を引くと、こんな説明が出てきます。

「職能給。労働者の職務を遂行する能力を基準として支払う賃金のこと。この場合の能力とは、現在の職務に対して実際に発揮している能力、および各人が潜在的にもっている能力をも含む総合的なものと解されている。たてまえは同一能力同一賃金だが、形態は次のように雑多である。(1)学歴などによって区分し、その区分に応じる、(2)個々の労働者を職務遂行能力別、能力段階別に区分し、それぞれ同一の賃金を支払う、(3)職務給に職務遂行能力を加味する、など。職務給の場合、職

従来から普及してきた賃金表の見本

年齢	年齢給
45	113,500
44	113,000
43	112,500
42	112,000
41	111,500
40	111,000
39	110,500
38	110,000
37	109,500
36	109,000
35	108,500
34	108,000
33	107,500
32	107,000
31	106,500
30	106,000
29	105,500
28	105,000
27	104,500
26	104,000
25	103,500
24	103,000
23	102,500
22	102,000
21	101,500
20	101,000
19	100,500
18	100,000

勤務年数	勤続給
20	10,000
19	9,500
18	9,000
17	8,500
16	8,000
15	7,500
14	7,000
13	6,500
12	6,000
11	5,500
10	5,000
9	4,500
8	4,000
7	3,500
6	3,000
5	2,500
4	2,000
3	1,500
2	1,000
1	500
0	0

職能給

等級	1	2	3	4	5	6	7
号差	500	700	900	1100	1300	1500	2000
号俸							
1	100,000	120,000	140,000	160,000	220,000	300,000	380,000
2	100,500	120,700	140,900	161,100	221,300	301,500	382,000
3	101,000	121,400	141,800	162,200	222,600	303,000	384,000
4	101,500	122,100	142,700	163,300	223,900	304,500	386,000
5	102,000	122,800	143,600	164,400	225,200	306,000	388,000
6	102,500	123,500	144,500	165,500	226,500	307,500	390,000
7	103,000	124,200	145,400	166,600	227,800	309,000	392,000
8	103,500	124,900	146,300	167,700	229,100	310,500	394,000
9	104,000	125,600	147,200	168,800	230,400	312,000	396,000
10	104,500	126,300	148,100	169,900	231,700	313,500	398,000
11	105,000	127,000	149,000	171,000	233,000	315,000	400,000
12	105,500	127,700	149,900	172,100	234,300	316,500	402,000
13	106,000	128,400	150,800	173,200	235,600	318,000	404,000
14	106,500	129,100	151,700	174,300	236,900	319,500	406,000
15	107,000	129,800	152,600	175,400	238,200	321,000	408,000
16	107,500	130,500	153,500	176,500	239,500	322,500	410,000
17	108,000	131,200	154,400	177,600	240,800	324,000	412,000
18	108,500	131,900	155,300	178,700	242,100	325,500	414,000
19	109,000	132,600	156,200	179,800	243,400	327,000	416,000
20	109,500	133,300	157,100	180,900	244,700	328,500	418,000
21	110,000	134,000	158,000	182,000	246,000	330,000	420,000
22	110,500	134,700	158,900	183,100	247,300	331,500	422,000

務が変らないかぎり昇給しないが、職能給では職務遂行能力が向上すれば昇給することとなる。日本では職務給の普及が難しく、職能給は広く採用されている」（出典　ブリタニカ国際大百科事典　小項目事典）

筆者は、この職能給制度は能力主義を標榜しながらも、実際には差別的なものだと批判しています。いい例が初任給です。高卒の新卒は1等級に格付けされ、大卒は2等級に格付けされます。給与カーブは入社後もあたかも快速電車と普通電車のように交わることがありません。高卒者は生涯〝冷や飯〟食いで、いくら頑張っても永久に報われません。

この硬直化した職能給制度を導入することが多いのは大手メーカーです。筆者が住む愛知県には某大手メーカーがありますが、大卒者と高卒者とでは天と地の差があり、入社して入る独身寮から違います。

▼職能給表の問題点とは

この職能給の賃金表は、そもそも、いつ、どこで、誰が作ったのかご存じですか？

これが普及し始めたのは、実は昭和40年代です。作ったのは労働省や人事院に勤務していた元官僚で、役所が昔から採用していた俸給表を基にしながら手を加えたものです。彼らが作った職能給制度は戦後に広く普及し、いまでもスタンダードになっています。

しかしながら、この職能給制度は使いにくい面が多くて時代ともマッチしていません。筆者からすれば、３つの致命的な問題点があります。

▼問題A　中途採用者の初任給を決められない

「職能給表」は横軸が等級で、縦軸が号俸です。問題はその等級です。面接したばかりの人物の能力がわからないので等級の格付けができないのです。

困ったうえで出てくるのは「これまで、いくらもらってきた?」という例の質問です。「前職の給与を維持する」などといいながら決めますので、社内の先輩後輩のバランスはムチャムチャになります。

▼問題B　若手の昇給額が低い

職能給はＳＡＢＣＤの５段階の査定結果に基づいて号俸アップが決まる仕組みです。昇給額は等級が高いほど高くなります。ということは若年層ほど昇給が低くなるわけです。会社が行いたいのは若手重視の昇給なのに、結果は逆になってしまう。筆者は無料給与診断をしていますが、給与水準の低い会社に対しては、

「今お使いの賃金表を見せてください」

と見せてもらいます。すると、やはりこの職能給表を使っている場合が多い。そんな際には、筆者はグラフを見せながら、

「これが年代別の昇給実績です。これに対して貴社の昇給は半額しかない。その理由は………」

と解説します。

▼問題C　名ばかり管理職問題を発生させる温床になる

職能給制度は、次のような昇給の仕組みになっています。

ア　年齢昇給（年齢給が上がること）
イ　勤続昇給（勤続給が上がること）

ウ　習熟昇給（職能給が上がること。Aは5号俸、Bは4号俸、Cは3号俸アップなどという昇給のルールがある）
エ　昇格昇給（昇格すると、高い等級に格付けになって、ポンと基本給が上がる仕組み）
オ　昇進昇給（役職が上がったので、役職手当が上がること）

ここで問題になっているのは昇格昇給です。例えば6等級ぐらいになると、時間外手当が付かなくなる会社が多いのです。しかし、労基法第41条の管理職に該当するわけではないので、今日ではコンプライアンスという観点から問題視されるのは当然のことです。

例えば、こんな事例です。

A氏は、係長から課長に昇進しました。職能給は5等級から6等級に昇格しました。給与は次のようになりました。

（係長時代・5等級）
基本給30万円＋役職手当2万円＋時間外手当あり

↓

（課長時代・6等級）
基本給35万円＋役職手当5万円＋時間外手当なし

A氏と会社との間には、こんなやりとりが予想されます。

A氏「課長に時間外手当が出てないのは労基法違反ではないか！」
会社「うちの会社は6等級以上は監督若しくは管理の地位だから残業代は出ない。その分だけ、基本給が上がっているし、役職手当だって増えている」
A氏「しかし、ネットで調べたら、私の場合は管理職に該当しないので、言ってみれば〝名ばかり管理職〟のようなもので、本来なら残業代があるはずだ」

いかにもありそうなことですね。残念ながら、争えば会社の負けは確実です。そうなりますと、次のような給与になってしまいます。

（見直し前の課長の給与）
基本給35万円＋役職手当5万円＋時間外手当なし
↓
（見直し後の課長の給与）
基本給35万円＋役職手当5万円＋時間外手当あり

基本給および役職手当を基礎賃金にして時間外手当を払うのですから、とんでもない給与になります。社長からすれば、次のようにボヤキたいでしょう。

「おいおい、課長で6等級になってもう残業代を払わなくて済むようになるから、基本給や役職手当を上げたのだろう。これでは会社はたまったものじゃない」

いやはや困ったものですね。これでは法的に正しかったとしても、経営的に成り立たなくなること間違いなし。

ところで、職能給制度にはなぜこんな問題が生じるのかご存じですか？　それを知りたければ職能給制度が生まれた歴史から探らなければなりません。

もう一度申し上げますが、今のような職能給制度が普及したのは昭和40年代です。当時は

〝サービス残業〟などという言葉はなかったのです。まして〝名ばかり管理職〟なんて言葉は存在していなかった。

筆者が職能給の賃金表を〝昭和40年代の遺物〟とこき下ろすのは、そのせいです。

筆者が動画で詳しく解説しています。
ご視聴にはパスワードが不要。
QRコード

PART 5 「先輩後輩」という社内バランスを維持！北見式賃金表

「面接しても、結局わからない。その相手に対して初任給を伝えなければいけない。さて、どうしたものか……」

これは経営者としての自身の問題でした。採用で失敗した経験は、筆者にも数多くあります。そこで出てきた結論は、

「雇ってみないとわからない」

ということでしたが、それでは始まりません。困っていると、天から降ってきたのです。

「わかるのは年齢だけだ。それなら年齢給を中途採用者の初任給相場に合わせればいいではないか！」

筆者には、イメージが湧いてきました。

「基本給は①年齢給、②勤続給、③査定給（従来の『職能給』と差別化するため『査定給』

いう言葉を使います）という3つで構成すればいい。さすれば年長者とのバランス、先輩とのバランス、査定の良かった人とのバランスを取りながら、給与を合理的に決定できる」

幸いにして、筆者には「ズバリ！　実在賃金」というツールがありました。それには「勤務年数別グラフ」というのがあります。それは「勤務年数1年未満」「同10年未満」「同10年以上」と区分されています。また、基本給、所定内給与、給与総額ごとにグラフができあがっています。その「勤務年数1年未満　所定内給与」というのが中途採用者の初任給相場です。

そこで、できあがったのが北見式賃金表です。縦軸は年齢で、18歳から64歳まであります。横軸は、「年齢給＋勤続給＋査定給」という3つがあります。

北見式賃金表は、まさに各社各様の実態に合わせながら、次のような手順で作成します。

①会社の給与をプロットしてみる。

↓

②プロットの分布図から、傾向値に合ったラインを引く。

↓

③会社の給与の是非を検討する。

Q　この初任給で採れるだろうか？

Q　この昇給額で定着してくれるだろうか？

Q　社員がやる気を起こしてくれるだろうか？

↓

④次の作業として、こうだったら良いなというラインを引いてみる。

↓

⑤改定前と改定後の人件費の差額を試算して、経営者に示す。

Q　基本給はどれだけ上がるか？

Q　所定内給与はどれだけ上がるか？

Q　時間外手当を含めた給与総額はどれだけ上がるか？

Q　自社の給与水準は改定後にヨソと比べてどうなのか？

↓

⑥賃金表の使い方を経営者に説明する。

Q　中途採用者の初任給の決め方は？

Q　毎年の昇給の行い方は？

給与は各社各様ですから、1社1社作るほかなく、完全にオーダーメイドです。

賃金表は北見式賃金研究所の〝秘伝のタレ〟ですから本に掲載できませんが、〝賃金表の見本〟の主な年齢の数字のみ紹介すると、次のようになります。これは東京・愛知・大阪という大都市圏を対象にしたものです。

総合職賃金表	30歳	40歳	50歳
年齢給（A）	22万6000円	23万6000円	23万6000円
勤続給（B）	8000円	1万円	1万円
査定給（C）	1万6000円	4万8000円	7万7000円
基本給計（A＋B＋C）	25万円	29万4000円	32万3000円

注：これは大卒後すぐ入社したという前提です。

北見式賃金研究所の基本方針は、次のようになっています。

年齢給は、35歳まで昇給します。1歳につき◎円ずつ上がっています。

勤続給は、10年間まで昇給します。1年につき◎円ずつ上がっていきます。

> 査定給は、ＡＢＣという査定結果の中の「Ｂ」（並）を基準にした額を載せます。

北見式賃金表と、従来の職能給表との違いがわかるグラフをココに載せました。

第1の違いは、年齢給の大きさです。従来の賃金表は「職能給」の占める比率が大きくて、「勤続給」「年齢給」はごく小さな額です。これに対して北見式は「年齢給」が大きくて、「勤続給」や「査定給」が小さい。北見式賃金表は、年齢給に家族手当等多少の手当を足せば、中途採用者の初任給相場に合うように設計されています。そのおかげで、中途採用者の初任給を迷わず決定できるのです。

北見式の賃金表

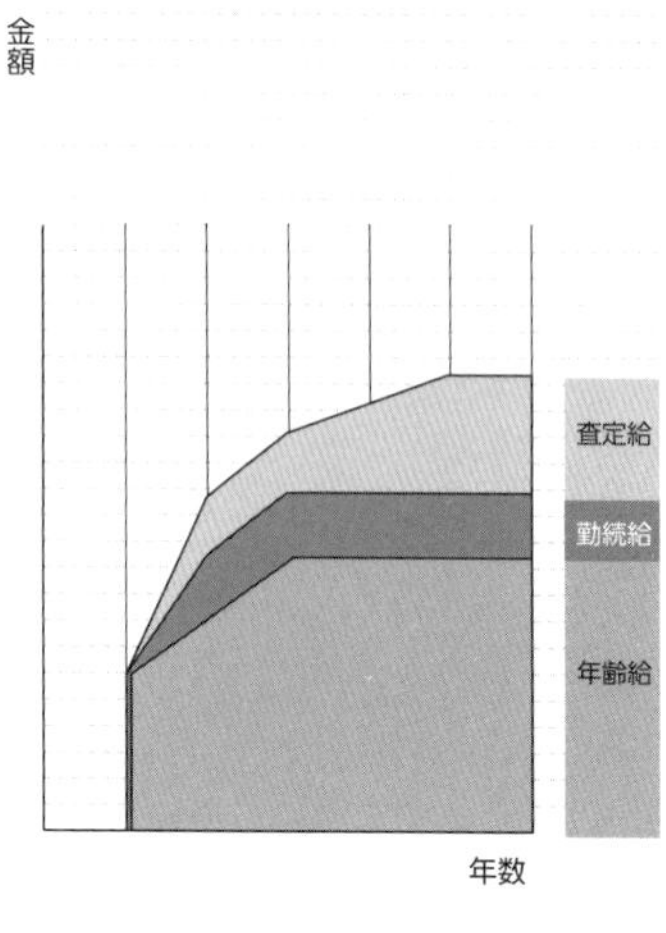

従来からよくある賃金表

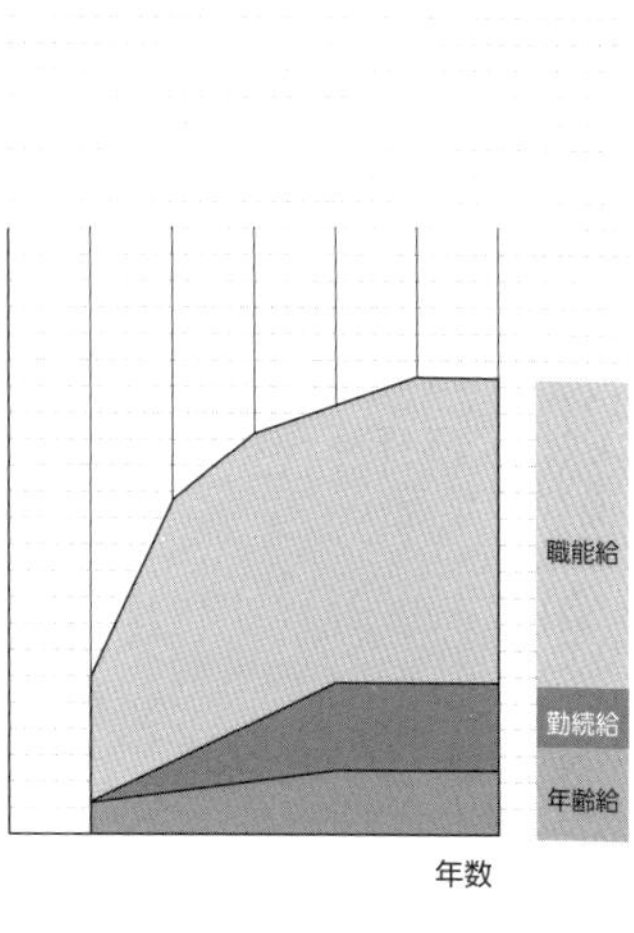

第2の違いは、〝偉い人〟になった際の基本給の高さです。従来の賃金表は管理職のような等級に上がると、昇格昇給によって基本給がポンと上がる仕組みですが、それは「課長には時間外手当を払わない」「6等級以上は時間外手当を払わない」という前提があってのことだと思います。その前提が崩れてしまったら、会社は真っ青です。これに対して北見式賃金表は、課長になったからといっても基本給をポンと上げることをせず、比較的大きめの役職手当を出します。おかげで課長に対して時間外手当を払いやすくなります。

▼賃金表は処遇のコース別に作る

会社の中には、いろいろな職種があります。給与のカーブは、それらの職種ごとに作るものだと筆者は考えています。

前掲したのは、「総合職」コースの賃金表です。このほかにも「一般職」「専門職」等の賃金表もあります。

筆者の考えでは、職種によって給与は次のように異なっています。

◎総合職のコース

例えば技能の要る製造職、営業外勤職、資格の必要な技術職（建築の現場監督）等です。一人前になるのに時間が要るので、会社は長期的に人材を育成します。辞められるのは損失ですから定着重視です。中途採用する際には、かりに未経験者であっても、年齢相応の初任給を出します。そうでなければ採用できないからです。総合職の場合なら、年齢給は35歳ぐらいまで上げても問題ないと筆者は考えています。年収水準は、地域や業種によって異なりますが、東京・愛知・大阪という大都市圏ならば、勤務年数10年以上の場合で、中高年の一般社員（係長以下。勤務年数10年以上かつ50歳以上）に対して年収５００万円前後の年収を筆者は想定しています。

◎一般職のコース

例えば内勤事務職、簡単な製造職等です。これらの職種は、中途採用する際に、年齢をあまり加味していないものです。30歳でも50歳でも、雇う側からすれば同じなので、年齢給はほとんど上がっていきません。年収水準は、おおむね３５０万円前後です。

◎専門職のコース

総合職や一般職というカテゴリーに入らない職種で、例えば外国語が必要な貿易業務職、職人、運転手等まちまちです。これらの職種は職務給（同一労働同一賃金）という世界ですので、初任給は〝腕〟で決まります。年齢は関係ありません。

▼北見式賃金表の三大特長

北見式賃金表は、整理しますと次のような３つの特長があります。

Ａ　中途採用者の初任給を一発決定できる

最大の特長はココです。年齢給が中途採用者の初任給相場に合わせてあるので、会社は迷うことなく即決できます。

Ｂ　名ばかり管理職問題を発生させない

等級制度を採用していないので〝昇格昇給〟という概念もありません。課長に昇格すれば、役職手当がポンと増額されますが、基本給はその際に変わりません。よって時間外手当を支払うのに苦労しません。

C 「等級号俸制」を使わない

北見式賃金表は、よくある「等級号俸制」を使っていません。給与制度を提案するコンサルタントは「等級号俸制」が当たり前だと思っておられるようですが、それは固定観念です。中小企業の多くは定期昇給やベースアップという区分をせず、単に「○円上げる」という形で昇給しています。「等級号俸制」の仕組みなんて、中小企業の経営者の多くは何度聞いても理解できません。

わかりやすさ、実践のしやすさは、北見式賃金の売りです。

筆者が動画で詳しく解説しています。
ご視聴にはパスワードが必要です。
パスワードは「v3afq」。ＱＲコード

PART 6
北見式賃金表の活かし方（Q&A）

北見式賃金表を活用すると、こんな質問に対して即答できます。

社長「当社は大阪の卸売業。30歳の人を総合職として採用したい。子供が1人いて、子供手当が1万円付きます。固定残業代として営業手当20時間相当を払っています。初任給はいくらですか?」

北見「北見式賃金表では、30歳の年齢給は22万６０００円です。子供手当は1万円。営業手当は20時間分として3万３２３６円。合計26万９２３６円が初任給です」

注：時間外手当の分母は１７０時間で計算した。

社長「当社は愛知の製造業。30歳の人（X氏）を総合職として採用したい。子供が1人いて、子供手当が1万円付きます。ちなみにほぼ同年代の人が2人（YZ）いるので、そのバランスも考慮したい。ちなみに二人の給与はコレです」

Y氏	30歳	勤務年数12年	独身	基本給25万円
Z氏	29歳	勤務年数3年	子供1人	基本給25万円＋子供手当1万円

北見「X氏の初任給は、これでいかがですか？」

基本給（年齢給のみ）22万6000円＋子供手当1万円＝23万6000円

北見「ちなみにY氏およびZ氏の給与は、かりにB評価だった場合、次のような給与ならばバランスが取れます」

Y氏　基本給26万2000円（年齢給22万6000円＋勤続給1万円＋査定給2万6000円）

注：Y氏はX氏と同年であるため年齢給は同じ。ただし社歴はY氏の方が長いので、勤続給および査定給に差がある。

Z氏　基本給23万3000円（年齢給22万4000円＋勤続給3000円＋査定給6000円）＋子供手当1万円

注：Z氏は、X氏より年齢が下のため年齢給に差がある。Z氏は、X氏より社歴が長いので、勤続給及び査定給に差がある。

社長「当社は東京の製造業。40歳の人を課長候補者として中途採用します。採用したい人は、前職で40万円の給与でした。初任給をどのように決めればいいですか？　子供は1人いて、子供手当が1万円付きます」

北見「北見式では、年齢給よりも高い額で採用する場合は、超過分を〝特別手当〟として支給します。雇用契約書には『特別手当は管理職候補として採用しているので、時間外手当の代替手当という意味である。その金額は1年後に査定により見直しする。勤務成績が芳しくない時は、減額・不支給もありえる』と記載します。例えば、こんな金額と内訳でいかがですか？

基本給23万6000円＋子供手当1万円＋特別手当15万4000円＝給与総額40万円

社長「40万円でいいのですか？」

北見「相場です。課長の給与の下限は40万円です」

社長「その給与はその後どうするのですか？」

北見「1年後には次のように見直すのです」

（良い評価の場合）

基本給27万５０００円＋子供手当１万円＋特別手当２万５０００円＋管理職手当９万円＝40万円

注：基本給は学卒後すぐ入社したとみなし、勤続給及び査定給を加味したので増額した。

（良くない評価の場合）

基本給23万６０００円＋子供手当１万円

注：特別手当は不支給

第3部

何となく昔から
こうだったけど……
給与制度の見直し方

ここからは給与制度をどのように見直すのがいいのか事例を挙げながら説明しましょう。社長からの相談に対して筆者がお答えします。

▼初任給の見直し

社長「当社は愛知県の製造業です。社員は100人。平均年齢が45歳で、30歳以上35歳未満は5人で、10代及び20代は10人です。これから定年を迎える人がどんどん出ます。若い人を採用したいのですが、応募者が集まりません。初任給の見直しを検討しています。診断をお願いします」

高卒初任給
基本給13万円＋皆勤手当1万円＋成果手当1万円＋付加価値手当1万円＝初任給16万円

北見「愛知県の高卒初任給は2022年現在で、17万円台の後半が相場だと思います。しかし、それでは競争力が弱いので応募者が集まりません。愛知県の会社に対して、北見式賃金研究所は２０２３年卒の高卒の初任給を18万円にする提案をしています。貴社の初任給は、そこから考えると2万円も足りません」

社長「大きな人件費アップですね」

北見「一番の問題は貴社の人員構成です。定年を迎える人がどんどん出るので、若手もどんどん入れないと人数が減ってしまいます」

社長「それは困ります。先細りになりたくない」

北見「若手社員を採用するのは、会社の将来を左右する至上命令です。そこに投資するのは自然なことです。人件費は単年度ではなく、中期的に考えた方がいい」

社長「でも高卒初任給を2万円も引き上げたら、全社員にベースアップが要るようになるので、多額の人件費増になります」

北見「あえて35歳未満に集中する形で給与水準を引き上げたらいかがですか？　人数が少ないので、それほどのコストアップになりません」

社長「35歳未満に絞るのですか？」

北見「はい、割り切ればいい」

社長「それでも人件費がいくら上がるのか心配です」

北見「30歳以上35歳未満は5人で、10代及び20代は10人ということです。10代及び20代の

10人は月額２万円引き上げると、年間24万円×10人で２４０万円のアップです。35歳未満の５人は月額1万円引き上げると、年間12万円×５人で60万円のアップです。合計で年間３００万円です」

社長「そのくらいなら許容の範囲です」

北見「それから初任給の見た目も重要です。『基本給13万円＋皆勤手当１万円＋成果手当１万円＋付加価値手当１万円＝初任給16万円』とのことですが、皆勤手当は意味がありますか？」

社長「年休もあるので、皆勤手当はみな毎月出ています。昔から惰性で出してきましたが、とくに意味がありません」

北見「この成果手当、付加価値手当というのは何ですか？」

社長「とくに意味はありません。基本給を上げたくなかったので出してきた手当です」

北見「歩合給のように変動しますか？」

社長「いいえ、固定です」

北見「給与制度を見直して、不要な手当を基本給に組み込みましょう」

社長「でも、基本給を上げたら賞与や退職金も上がってしまう」

北見「賞与や退職金を含めて、全体的に給与制度を見直しすればいいことです」

社長「求人面で、どんなメリットがありますか？」
北見「ハローワークに出す求人票は、次のように変わります」

（見直し前）
a　基本給　13万円
b　定額的に支払われる手当　皆勤手当1万円＋成果手当1万円＋付加価値手当1万円
a＋b　16万円

（見直し後）
a　基本給　18万円
b　定額的に支払われる手当
a＋b　18万円（2万円アップ）

北見「いかがですか？　イメージが違うでしょ？」
社長「基本給が高いと、確かに安心感がありますね」

北見「応募者の目線に立ってください。そのイメージが重要なのです」

Q ところで「初任給」とは、どんな定義があるのですか？

A ハローワークは、求人票を次のように記載するように指導しています。

［基本給（A）］

フルタイム求人の場合は月額で入力してください。パート求人の場合は時間額で入力してください。なお、基本給に固定残業代が含まれている場合、その分を抜き出し「固定残業代（C）」に入力してください。

［定額的に支払われる手当（B）］

採用する労働者全員に毎月定額的に支払われる手当（役職手当、技能手当、資格手当、地域手当など）がある場合に入力してください。固定残業代は「定額的に支払われる手当（B）」ではなく「固定残業代（C）」に入力してください。

［固定残業代（C）］
固定残業代を採用する場合は「あり」を選択し、「固定残業代」の額を入力するとともに、「固定残業代に関する特記事項」に、時間外労働の有無にかかわらず固定的に支給されるものであること、超過分が法定どおり追加で支給されることを必ず明記してください。
記載例：「時間外手当は時間外労働の有無にかかわらず、固定残業代として支給し、◯時間を超える時間外労働分は法定どおり追加で支給」

▼ヨソはいくら払ってる？　諸手当の世間相場

社長「社員から『うちは手当が少ない』と文句をいわれました。手当といってもいろいろあるでしょうが、ヨソはどう支給しているものですか？」

北見「手当の支給率は、役所が調べています。筆者は公的な給与調査に疑問符を投げかけていますが、手当の有無はウソがないと思いますので、役所の調査を参考にしています。厚労省の「就労条件総合調査の概況」（２０２０年版）によると、次の通りです」

▼支給する意味があるのか？　皆勤手当

社長「当社は老人保健施設を経営しています。職業柄年中無休で24時間の営業です。そこで質問したいのは皆勤手当です。昔から支給していますが、当社のような業種で必要でしょうか？」

北見「私は、皆勤手当に基本的に反対しています。理由は、その分だけ基本給が低くなって初任給の見た目が悪

諸手当の種類別支給企業割合（令和元年11月分）

複数回答（単位:%）

企業規模・年	計	業績手当など（個人、部門・グループ、会社別）	勤務手当				精皆勤手当、出勤手当など	通勤手当など（1か月分に換算）
			役付手当など	特殊作業手当など	特殊勤務手当など	技能手当、技術（資格）手当など		
令和2年調査計	100.0	13.9	86.9	12.2	24.2	50.8	25.5	92.3
1,000人以上	100.0	15.9	82.1	20.2	43.4	49.6	9.6	94.4
300～999人	100.0	15.4	86.0	19.9	36.9	53.9	13.7	96.8
100～299人	100.0	13.6	86.7	13.9	29.6	55.9	21.2	94.8
30～99人	100.0	13.8	87.2	10.6	20.4	48.8	28.7	91.0
平成27年調査計	100.0	13.7	87.7	11.5	24.0	47.7	29.3	91.7

企業規模・年	生活手当					調整手当など	上記及び左記のいずれにも該当しないもの
	家族手当、扶養手当、育児支援手当など	地域手当、勤務地手当など	住宅手当など	単身赴任手当、別居手当など	左記以外の生活手当（寒冷地手当、食事手当など）		
令和2年調査計	68.0	12.2	47.2	13.1	15.3	31.5	13.9
1,000人以上	75.6	35.7	61.7	66.6	27.9	52.6	23.0
300～999人	76.0	25.4	60.9	41.4	23.2	43.4	20.7
100～299人	72.5	17.1	54.1	22.0	18.1	39.4	14.6
30～99人	66.3	8.4	43.0	5.3	13.1	27.0	12.6
平成27年調査計	66.9	12.5	45.8	13.8	16.2	32.5	10.8

※平成27年調査計の数値は、平成26年11月分である。

（出所）https://www.mhlw.go.jp/toukei/itiran/roudou/jikan/syurou/20/dl/gaikyou.pdf

くなるからです。また、年次有給休暇を取得しても精皆勤手当が支給されるのですから意味がないと思います」

社長「ということは廃止して基本給に組み入れた方がいいですか？」

北見「いいえ、貴社の場合は事情が異なるような気がします。24時間営業ということは3交替制ですよね？」

社長「はい」

北見「ということは遅刻や早退があったら困りますが、ありませんか？」

社長「実は遅刻が頻繁な人がいて困っています。求人難なので、応募者を選ぶ余裕もないのが現実で、よほど変な人でない限り採用しているのが現状です。ですから、どうしても変な職員が出てしまう」

北見「それなら皆勤手当を残してもいいかもしれません。皆勤手当は、遅刻に対するペナルティーとしての存在意義はあります」

▼家族手当　なければないで問題に

社長「『家族手当を払って欲しい。結婚して子供ができても給与が上がらないので生活がきつい』と社員がいってきました。当社は、10年前の給与制度改定で家族手当を廃止しました。いま家族手当はどのように払われていますか？」

北見「家族手当は、東京都の中小企業の賃金・退職金事情の２０２０年版によると、46％の会社が支給していました。その平均額は、配偶者分が約１万円、子供分が５０００～６０００円でした。前述の東京都の調査を昔まで遡って調べますと、昭和50年代だと80％の会社が支給していました。このように家族手当を支給する会社が減りつつあるようです。しかし、北見事務所の顧客（愛知県の中小企業が主体）では80％以上が出していますし、廃止する動きは滅多にありません」

社長「家族手当は仕事と関係ないので、そんなのは貧困だった前時代の遺物のように思います」

北見「前時代の遺物かどうかは議論の分かれるところです。大学生の何割もが奨学金という名の借金を背負う今日の状況を考えると、むしろいまの時代に必要だという意見もあります。私は家族手当賛成論者です」

社長「しかし、家族手当を払ったら人件費が上がりますよね？」

北見「社員を集めて定着してもらうには、一定の年収水準が必要です。家族手当は配偶者及び子供２人という前提なら年額で20万円前後になります。つまり１カ月分近い額なので、それがあるかないかで大きく年収に差が出ます。もしも家族手当がなければ、代替のものが要ると思います」

▼「子供重視の家族手当」　イマドキの必要性とは

社長「当社は昔から家族手当を払っています。扶養している配偶者は３万円、子供は１人につき５０００円で18歳まで支給です。この扶養手当に対して独身者から文句が出ています。『差別』だというのです。ヨソはどうされていますか？」

北見「いささか金額が大き過ぎる気がします。配偶者及び子供２人の場合なら４万円ですよね。年額で48万円です。そこまで大きいと、年収を左右する大きな要因です。貴社の役職手当はいくらですか？」

社長「課長で４万円、部長で６万円です」

北見「そうなりますと、課長（年48万円）と同額ですよ。家族手当のような属人的な給与は大き過ぎない方がいいと思います」

社長「私としては、いま風に子育て重視で家族手当を見直していきたい。いかがすればいいですか？」

北見「子供手当は１人につき１万円をお勧めしています。大学まで進学するならば22歳まで出してもいいと思います。人数制限もありません」

社長「では、配偶者分は？」

北見「共働きが普通の時代ですので、配偶者分は逓減をお勧めいたします」

社長「逓減といいますと？」

北見「配偶者分は毎年２５００円ずつ逓減させます。一方で、子供分は毎年２５００円ずつ逓増させ、１人１万円のところで固定します」

社長「不利益変更だといわれませんか？」

北見「合理的基準があるし、プラス面とマイナス面が両方あるので問題ないと思います」

▼不平等になりかねない住宅手当

社長「住宅手当を昔から出しているのですが、社員から『不平等だ』と文句をいわれています」

北見「どんな内容ですか？」

社長「当社は東京本社ですが、岐阜県に工場があります。社員は１００人で、東京本社に

20人、岐阜工場に80人います。住宅手当が問題になっている人は2人います。

1人目は、東京本社で採用された人で、採用時に住宅手当を3万円もらう条件で入ってきました。転居を伴う遠隔地からの採用だったからです。しかしながら入社して10年経ち、マンションも購入して、すっかり〝東京の人〟になっています。東京在住者は入社時に住宅手当の支給がなかったので、彼らから『なぜ、アイツだけに住宅手当が出るのか?』という不満の声が聞こえてきます。

2人目は、東京本社から岐阜工場に転勤した人で、住宅手当3万円を支給される条件で転勤しました。しかしながら転勤から10年が経過して、結婚して家も建てて、すっかり〝岐阜の人〟になっています。岐阜工場のほかの社員からは『なぜ、アイツだけに住宅手当が出るのか?』という不満の声が聞こえてきます」

北見「住宅の提供は、勤務先によって大きな違いがあります。国家公務員の場合は官舎があって、そこに住みます。大手メーカーの場合は、若い頃は独身寮に入りますが、入居できる期間が決まっているので、いずれは退去して自分で住宅を確保します。中小企業の場合は、地元採用のローカルな会社なので自宅から通勤するのを前提にしています」

社長「近くに住む人を採りたいのはやまやまですが、応募者を確保するために住居の提供もやむなしと考えています」

北見「貴社の住宅手当は、支給年限が当初から決まっていなかったのが問題です」

社長「私も、そこを反省しています」

北見「1人目の例は、新規採用時に募集条件として住宅手当の支給を保障したわけです。その際は、住宅手当の額が徐々に減額されることを明記しておくべきでした」

社長「どのように減額するのですか？」

北見「例えば、こんな感じです。『住宅手当は入社して3年目から毎年3000円ずつ減額する。ただし、結婚した場合は打ち切る』と定めるのです」

社長「なぜ3000円なのですか？」

北見「昇給の範囲内です」

社長「なるほど3000円ならば、昇給があるので給与が減らずに済みますね。ところで、なぜ結婚したら打ち切りなのですか？」

北見「大手メーカーの場合、独身寮は結婚したら出ていくものです」

社長「転勤者に対する住宅手当は？」

北見「2人目の例は、転居を伴う転勤者に対して支給する住宅手当です。この場合も、住宅手当の額が徐々に減額されることを明記するべきです。例えばこんな感じです。

『住宅手当は転勤した3年目から毎年3000円ずつ減額し、10年をもって打ち切る』と定めるのです」

社長「なぜ10年間なのですか?」

北見「10年経てば、現地の人になるからです」

▼税金等で有利な借り上げ社宅

社長「当社は東京本社ですが、全国に拠点が多数あります。転居を伴う転勤者には、住宅を本人に選ばせました。住居選びは本人が行い、家賃の半額を住宅手当として支給してきました。会社が選んで『ココに住みなさい』と決めてしまうと、本人から不満が出かねないからです。でも、本当は借り上げ社宅の方が会社にとっても本人にとっても有利だと聞きました。どういうことでしょうか?」

北見「借り上げ社宅といいますと、会社が選ぶイメージがありますよね?」

社長「はい」

北見「本人が選ぶ借り上げ社宅もありえます。会社が一定の予算額を示し、その範囲の中で本人に選んでいただき、賃貸借契約は会社が行うという仕組みです」

社長「なるほど、それなら不満も和らぎますね。それで、借り上げ社宅には、どんなメリットがありますか？」

北見「税金等です。国税庁のタックスアンサーには、次のように載っています」

※使用人に社宅や寮などを貸したとき
給与として課税される範囲
（1）使用人に無償で貸与する場合は、賃貸料相当額が給与として課税されます。
（2）使用人から賃貸料相当額より低い家賃を受け取っている場合は、受け取っている家賃と賃貸料相当額との差額が、給与として課税されます。
ただし、使用人から受け取っている家賃が、賃貸料相当額の50パーセント以上であれば、受け取っている家賃と賃貸料相当額との差額は、給与として課税されません。
（3）現金で支給される住宅手当や、入居者が直接契約している場合の家賃負担は、社宅の貸与とは認められないので給与として課税されます。

北見「つまり『使用人から受け取っている家賃が、賃貸料相当額の50パーセント以上』であれば、税金がかからないのです」

社長「具体的には？」
北見「例えば家賃が6万円で、会社が住宅手当3万円を本人に払うとします。すると、もちろん3万円には税金等もかかります。借り上げ社宅なら、それがないのです」
社長「なるほど、メリットですね。でも、何かデメリットもないですか？」
北見「入居してすぐ退去されたら、払ったオカネがムダになりかねません」
社長「賃貸アパートに入る際には、いろいろなオカネを払いますからね」
北見「そこで本人との誓約書には、次のように盛り込んでおくといいでしょう」

本人が社宅入居後1年以内で自己都合退職する場合は、権利金・礼金・手数料・保証金等の償却相当分を本人が負担し、1カ月前までに会社に返還すること。

本人が社宅を退去する場合は、会社に退去届を提出するとともに、原状回復して会社に返還すること。

退去時の原状回復費用及び時期がずれて請求される水道光熱費等は本人が全額負担すること。

▼自己啓発の奨励を促す資格手当

社長「当社は製造業で、いろいろな資格者が必要です。だから公的ライセンスを取得した人に資格手当を払いたい。資格手当を払ううえで、どんな基準を設ければいいのですか？」

北見「資格手当は、公的なライセンスの取得を奨励するという意味で意義のある手当です。一言で資格といいましても、難易度や重要度はまちまちです。筆者は次のように区分するのをお勧めしています。例えば製造業をイメージしてみると、こんな内容です」

Aランク　衛生管理者など。業務上で必要があり、その難易度も高いもの。

Bランク　技能検定など。資格がなければできない業務ではないが、自己研鑽のために取得した方が良いもの。

Cランク　フォークリフト・玉掛けなど。業務のうえで必要不可欠な安全衛生の資格。業務命令で受験させるもの。

社長「フォークリフトの資格を取得させた人から、講習会の日程が土日だったので、時間外手当を求められました。それは払うべきでしょうか？」

北見「労働安全衛生関係の資格は、業務を行ううえで必要不可欠な安全衛生の資格です。業務命令で受験させるものですから、給与の支払いが必要です」

社長「毎月の手当の支払いは、いかがすればいいですか？」

北見「前述の区分に従いますと、次のようにされることをお勧めします」

Aランク　毎月手当を出す。
Bランク　毎月少額の手当を出すか、一時金を出す。
Cランク　受験費用や給与は会社が出す。手当は支給せず。

▼最も経済的な経路で払いたい通勤手当

社長「社員から先日文句をいわれました。通勤手当をもらっていないというのです。でも、話を聞いていても、うちの会社の規程のどこが悪いのか理解できないのです」

北見「どんなことですか?」

社長「A子さんは、自宅から徒歩（1・5キロ）で駅に行き、電車に乗って（10キロ）、駅から会社まで徒歩（1キロ）で来ます。会社は電車代のみ支給しています。ところがA子さんは『自宅から駅までのバス代をもらっていない』といい出したのです。でも地図を見ると、自宅から駅まではたったの1・5キロの距離で歩けばすぐ着きます。こんな短距離でバス代を払う義務があるのでしょうか?」

北見「通勤は本来社員の務めですから、通勤手当というよりも通勤補助手当とでもいうべきものです。通勤手当を払えという法律はありません」

社長「法律はないかもしれませんが、ヨソが払っているものを払わないと文句をいわれそうです。ヨソはどうしていますか?」

北見「通勤手当の扱いは、各社各様です。一般的には『2キロ以上』かどうかで判断する場合が多い。自宅から駅まで徒歩で1・5キロならば、支給しているところは少数派です」

社長「でも本人は『バスに乗っている』といい張っています」

北見「それは本人の勝手というべきです」

社長「でも、えらい剣幕で抗議してきましたよ」

北見「ひょっとして、その社員の身内に公務員がいませんか？」
社長「はい、父親が税務署員だそうです」
北見「やっぱり。公務員の世界では、本人の申請通りに通勤手当が支給されるところが多いので、2キロ未満のバス代でも支給されるでしょう。そこは常識の違いです」
社長「そうですよね。周囲の会社に聞いても『うちなら払わない』といっていました」
北見「民間と公務員とでは常識が異なります。名古屋市役所なんて、バスに乗っていた人が自転車に乗り換えたら通勤手当が倍になる規程があります。『エコだから』というのが、その理由です」
社長「へえ！」
北見「中小企業は『セコ』でいいのですよ」
社長「わかりました。セコでいきます」

▼曖昧さが嫌われる固定時間外手当

固定時間外手当は、ハローワークから目の敵にされています。そのフロントでは「○手当という固定時間外手当は残業の有無にかかわらず支給する。○時間を超過したら別途時間外手当を支給する」と求人票に書かされます。

そもそも固定時間外手当はなぜ支給されているのでしょうか？

筆者は、初任給をよく見せる〝上げ底対策〟だったと考えます。固定時間外手当を出すのは、卸売業で多い。卸売業は基本給が低いので固定時間外手当を含めないと、初任給がみすぼらしくなるからです。

しかしながら、固定時間外手当を払っていると、イマドキは「時間外手当打ち切りのブラック企業ではないか？」という先入観で見られがちなのも事実。

筆者は、基本給だけで初任給相場に見合うように給与制度を見直すことをお勧めしています。

社長「固定時間外手当を毎月３万円支給している。廃止すると、社員から不満が出かねない。いかがすれば良いでしょうか？」

北見「新入社員からは、その固定時間外手当を廃止して、やった分だけに切り替えるのをお勧めします。また、既に３万円の手当をもらっている既存の社員には、既得権の問題もありますので今後もそれを最低保障するのが一案です。しかし一律に３万円というのは、時間外手当らしくないので、それ自体が否認されかねない。そんな場合は、時間外手当らしくなるように金額を見直すのをお勧めしています。

例えば給与が20万円の人の場合なら、その時間外手当は『給与20万円÷月間所定勤務時間１７０時間×１・25』という計算から、時間外手当は１４７１円になります。３万円というのは20・４時間に値します。その場合は30分未満は30分に切り上げて３０１５６円にしたうえで『20・５時間分』と明記して、不足分があったら精算するのです」

注：月間所定勤務時間は会社ごとに異なります。

第 4 部

実践！
給与決定の行い方

PART 1
昇給額はこうして決める

ここからは「昇給の実務」と題して事例を挙げながら説明します。

A社は、本社が東京の製造業です。社員は50人。代表選手として、その中の3人の社員の昇給を行うこととします。3人とも係長以下の一般社員です。会社の経営は順調だとします。

違いをわかっていただくために、2人の給与コンサルタントが相談助言に乗るとします。

2人とは、昔ながらの人事制度にこだわる日本給与研究センターのコンサルタントと、社長の経営参謀を自負する北見昌朗です。

▼日本給与研究センターのコンサルタントによる相談事例

社長「先生、うちの会社の給与はどんな感じですか?」

（昇給前の給与）

１人目　22歳　勤務年数２年　男性　高卒中退　製造業務職　基本給19万円

２人目　50歳　勤務年数20年　男性　高卒　製造業務職　基本給30万円＋役職手当１万円
＋家族手当１万円＝合計32万円

３人目　50歳　勤務年数１年　男性　大卒　製造業務職　基本給25万円

コンサル「失礼ながら申し上げにくいのですが、低水準です。東京都がまとめている２０２１年度の賃金退職金事情を見てみましょう（前掲した東京都中小企業賃金・退職金事情のモデル賃金を参照〔30ページ〕）。

１人目は『22歳』とのことですが、高卒の22歳なら所定内給与は20万５０００円と書かれていますのでそれが相場です。しかし、この方の場合は高校中退なので、それが当てはまりません。

２人目は『50歳』とのことですから、所定内給与は高卒の場合で34万８０００円が相場です。『32万円』というのは相場を２万８０００円も下回っています。

３人目は『50歳』とのことですから、所定内給与は大卒の場合で39万８０００円であって『基本給25万円』というのは随分低い」

社長「厳しい評価ですね。ショックです」
コンサル「ところで各人の勤務ぶりはいかがですか？」
社長「1人目の人は高校中退ですが、入社して2年目です。製造現場で仕事を熱心に覚えようとしています。挨拶や返事もきちんとしています」
コンサル「職能資格制度ではS、A、B、C、Dという5段階評価があって、職能給はそれぞれ5号、4号、3号、2号、1号アップになります。この人に対する評価は？」
社長「強いていえばA評価です」
コンサル「2人目の方は？」
社長「2人目は現場の職人です。こつこつと真面目に働いてくれている。後輩の指導をしてくれないのが残念ですが、残業の協力はしてくれています」
コンサル「評価は？」
社長「まあ並ですから、Bということにします」
コンサル「3人目の方は？」
社長「補助的な業務をしている現場作業員です。いわれた通りのことはやってくれます。新しい機械がやや苦手なところが残念です。学歴は国立大学卒ですが、転職歴の多い人で、ハローワークの紹介で入ってきました」

コンサル「評価は？」

社長「Cです」

コンサル「では、貴社の3人に対する昇給の提案をさせていただきます。その前にこれが貴社に対して作成した賃金表（74ページの賃金表の見本を参照）です。これは東京都の給与調査の結果を基に貴社のために独自に作ったものです。

1人目は『22歳　勤務年数2年　高卒中退』ということですが、高校中退を前提にした等級が存在しません。職能資格制度では高卒で1等級です。高校中退の場合は、強いていえば『0等級』になるわけですが、そんなのはありません、扱いに困るところですが、ここでは『1等級』に位置付けておきました。A評価は『4号俸増』（1号の単価は５００円）ということなので職能給は２０００円上がります。勤続給が５００円、年齢給が５００円上がります。合計３０００円の昇給です」

社長「思ったより低い昇給ですね。少なくとも６０００円以上を上げようと思っていました」

コンサル「本当は高校中退ということで〝0等級〟だったかもしれませんので、その割には手厚い処遇をされていると思います」

社長「なぜ学歴で、そのようにおっしゃるのですか？　そもそも能力主義を目指した給与

　制度だったはずです」
コンサル「そのような制度になっていますから……」
社長「実は私も高校中退です。親が貧乏だったので学業を続けられなかった。だから彼も同じような境遇だったので、私は彼を応援してきました」
コンサル「２人目は『50歳　勤務年数20年　高卒』ということなので、職能資格制度では『３等級』に格付けできると思います。その１号俸は９００円で、『評価がＢ』（３号俸増）ということは２７００円です。勤続給は20年以上になると打ち止めなので昇給がありません。年齢給は45歳以上は打ち止めで昇給がありません。昇給は２７００円です」
社長「そんな昇給額ですか？　もっと上げてあげたかった」
コンサル「３人目は『50歳　勤務年数１年　大卒』ですね。大卒ということは『２等級』スタートです。勤務年数も短いので『２等級』でいいでしょう。『２等級』は１号俸が７００円です。C評価ならば2号俸アップなので１４００円アップ。勤続給は５００円増。年齢給は打ち止めです。昇給は１９００円です」
社長「３人目の人は、いわれたことはしているので『Ｃ』評価にしましたが、本当は『Ｄ』でもいいのでは？　と思っています。昇給なんてナシにしたい。この昇給額は、社長の私が調整してもいいのですよね？」

コンサル「給与制度を作ったわけですから、今後は社長の感覚による恣意的な昇給はお控えいただいた方がいいでしょう。昇給は就業規則で定められたルールに基づいて決定される仕組みになっています。先日も社員説明会を開催していることですし」

社長「じゃあ、今後は私の意思で昇給できないということですか？」

コンサル「昇給はルールに基づいて行われるべきものです」

▼北見昌朗による相談事例

社長「うちの会社の給与はどんな感じですか？」

北見「『ズバリ！　実在賃金』の首都圏版と照らしてみます。1人目は『22歳　勤務年数2年　高卒中退　製造業務職』とのことですが、どんな感じの人ですか？」

社長「高校中退ですが、家庭の事情（母子家庭）によるもので、本人はぐれもせず真面目な青年です。私は彼を大事に育てたい。夜間高校にも通わせて高卒にしてあげたい」

北見「いいですね。そういう考え方。いまは親ガチャとかいいますが、本人には全然責任ないですよ」

社長「私は、アパートを借りる際の身元保証人にまでなりましたが、甘いですか？」

北見「いいえ、そこは社長のお人柄です。ところで担当している仕事は、どんなものですか？」

社長「熟練の要る仕事なので、一人前になるのに5年は要ります」

北見「なるほど、それなら総合職と位置付けできますね」

社長「総合職？」

北見「賃金表は、職種に応じて作るものです。北見式賃金では難易度の高い仕事を担当する人を総合職、平易な仕事を担当する人を一般職と呼んでいます。そのほかにも専門職などいろいろあります」

社長「総合職とか、一般職という区分けは当社にありませんが……」

北見「年収500万円を前提にして処遇するのが総合職、350万円を前提にして処遇するのが一般職です」

社長「それならば総合職として育てていきたい。ところで学歴とかも関係しますか？」

北見「いいえ、学歴は一切関係ありません。その人にやっていただく仕事の内容と能力です」

社長「私は学歴主義に反対ですので、そのお考えに賛成です」

北見「この１人目の方は担当するのが熟練を要する仕事ということならば総合職に該当すると思いますが、いかがですか？」

社長「そういう区分をするならば、総合職でしょうね」

北見「総合職というのならば、やや給与が低い。22歳ならば21万円ぐらいが北見式賃金研究所のお勧めです」

社長「そんなに世間相場は高いのですか？」

北見「いいえ、仮に高卒としますと、22歳の相場は20万円です。しかしながら北見式賃金研究所は22歳で大卒初任給にしてあげようという主張があります。高卒も大卒も22歳で同じにするのです」

社長「へえ、高校中退なのに大卒と一緒にしてもらえたら、本人は喜ぶでしょうね」

北見「北見式賃金研究所の考えでは、この１人目の方の基本給は21万円です。そのうえで２０２３年の昇給がさらに加わります。年齢給は２０００円が35歳になるまであります。勤続給は１０００円が上限10年まで上がります。

　査定給は年齢によりますが、20代の総合職の場合はＡ評価なら４０００円、Ｂ評価なら２０００円です。その方がＡ評価ならば、昇給は年齢給２０００円、勤続給

１０００円、査定給４０００円の合計７０００円になります。従来の基本給19万円よりも大幅なアップです」

社長「大幅なアップは経営的に厳しいのですが……」

北見「数年がかりでも結構です」

社長「そういってもらえると、ありがたい」

北見「昇給は小出しに、小出しに行うのが秘訣ですから」

社長「小出しに、小出しに、ですね。わかりました」

北見「２人目の方ですが、係長職の『総合職』として考えます。まず現状の給与ですが、相場は次の通りです。『ズバリ！　実在賃金』（首都圏版）では、『50歳　勤務年数20年』の男性の一般社員は、所定内給与30万５０００円になっています。現状は基本給30万円＋役職手当１万円＋家族手当１万円＝合計32万円ですので、相場と比べてまずまずです」

社長「それなら良かった。前の給与コンサルタントからは低い、低いといわれたので」

北見「どこを見て、ものをいっているのでしょうか？　根拠不明です」

社長「そのコンサルタントは、きっとお役所のデータを参考にしてものをいっていたのでしょう」

北見「ところで残業はありますか？」

社長「残業ゼロを目指していますので、まったくありません」

北見「賞与は年間でおいくらでしたか？」

社長「昨年は年間で50万円を払いました」

北見「そうなりますと、時間外手当を含めた給与総額は32万円になりますが、『ズバリ！実在賃金』（首都圏版）によりますと、給与総額の相場は34万９０００円なので、相場より低い水準になります。

　賞与を含めた年収は４３４万円になりますが、相場は５０１万円なので、年間で67万円（月額５万６０００円）低くなっている感じです。ちょうど時間外手当分低くなっている感じです」

社長「給与水準は、残業代込みで判断するものですか？」

北見「私はそう思います」

社長「それで、今年の昇給は？」

北見「評価はＡＢＣのいずれですか？」

社長「Ｂ評価です」

北見「年齢給は、50歳ですからもう上がりません。勤続給は勤務年数20年ということですからもう上がりません。査定給は年齢によりますが、50歳の場合なら、Ａ評価４０００円、Ｂ評価２０００円、Ｃ評価０円になります。その方の場合はＢ評価なので２０００円アップということになります」

社長「もう少し増やしてあげたいのですが……」

北見「どうぞご自由に給与をお決めください。北見式賃金表はあくまでも目安に過ぎません。こうしなければいけないという昇給のルールではなく、そうしたら良いよという目安です」

社長「そういっていただけると楽です。前の給与コンサルタントからは『昇給のルールを作ったのですから社長も守ってください。以後、恣意的な昇給は禁物です』といわれました」

北見「北見式の賃金表は昇給ルールではなく、言ってみれば目安に過ぎません」

社長「その目安が欲しかったんです」

北見「３人目は、どんな方ですか？」

社長「３人目の人は、昨年ハローワークの紹介で入ってきました。担当してもらっているのは現場の補助的な業務です。平易な仕事です」

北見「勤務ぶりは？」

社長「それがパッとしないのです。大学まで出ているのですが、理解力が低くて困っています」

北見「それはいけませんねえ」

社長「ところが本人は自分の給与に関して不満があるようで『上げて欲しい』としきりにいってきます」

北見「期待外れということですね」

社長「はい。本当は辞めて欲しい。でも、今は人手不足でこんな人でも要るのです」

北見「その人は、やっていただく仕事からすれば、一般職だと思います。学歴なんて関係ありません。

そう考えれば20万円という給与は違和感がない。『50歳　勤務年数1年　一般職』の人ならば年齢給はもう上がりません。勤続給は年１０００円上がります。査定給はＡ評価なら４０００円、Ｂ評価なら２０００円、Ｃ評価なら０円になります。その人の場合はさらに低いＤ評価なら０円です。つまり昇給額は勤続給のみの１０００円ということになります」

社長「その昇給をゼロにできますか？」

北見「もちろん結構です。北見式の賃金表は、賃金規程に載せません。あくまでも社長のアンチョコに過ぎません」

社長「難しいところですね。辞められても困るし」

北見「給与決定は〝需要と供給〟との関係で決まるという側面もありますので、社長のご判断にお任せします」

PART 2

中途採用者の初任給はこうして決める

　ここでは「中途採用者の初任給決定」を事例として採りあげます。A社は、名古屋の卸売業です。社員は30人。そこが3人の中途採用を決めました。

　例によって、2人のコンサルタントが相談に応じます。1人目は、昔ながらの人事制度にこだわる日本給与研究センターのコンサルタントで、もう一人は北見昌朗です。採用するのは次の3人です。

　1人目　30歳　女性　高卒　営業職　未婚
　2人目　30歳　女性　大卒　事務職　バツイチ　子供1人
　3人目　45歳　男性　大卒　課長候補　子供2人

▼日本給与研究センターによる相談事例

社長「おかげで給与制度ができました。ありがとうございます。ところで、3人の人を中途で採用することになりました。その初任給の相談に乗ってください。初任給はいくらが良いでしょうか？」

コンサル「いくらといわれても、中途採用の給与相場はどこも把握していませんし、私も持ち合わせていません。ハローワークがデータを出していますが、あまり参考にならないものです」

社長「私が困っているのは1人目と2人目の処遇の違いです。同じ30歳の女性で、学歴は高卒と大卒。でも担当する仕事は営業職と事務職。それぞれの相場もわからない」

コンサル「お答えできる範囲でお答えしますが……」

社長「先生に作っていただいた給与制度では、1人目と2人目は、どういう扱いになるのですか？」

コンサル「1人目の方は高卒です。高校卒業後いろいろな職業を経て入社したとのことですが、貴社の業務とあまり関係ないので、前歴評価は高くならないと思います。高卒の新卒ならば入社時に1等級ですから、そこにどれだけ評価を加えるかです」

社長「確かに高卒だし、職歴が多いのも事実です。しかし、お会いしてみると前向きで期待できそうです。それで結局初任給はおいくらが妥当ですか？」

コンサル「愛知県の高卒初任給は17万５０００円が相場だと思います。仮に30歳になるまでの12年間に３０００円ずつの昇給があったとみなしたら、いかがですか？　すると21万１０００円という数字が出てきます」

社長「２人目の方は？」

コンサル「大卒ですから、初任給が20万円だったとします。仮に30歳になるまでの８年間に５０００円ずつの昇給があったとみなしたら、いかがですか？　すると24万円という数字が出てきます」

社長「そうですか？　私の考えでは、２人目はもっと低いのですが……」

コンサル「あくまでも参考程度のことです。初任給の相場のことならリクルート関係の会社に問い合わせたらいかがですか？　彼らなら情報を持っていると思います」

社長「そうですか……。それなら３人目の人はどうですか？」

コンサル「45歳　課長候補ということですよね。私が作った給与制度では、６等級が課長級ですから、仮に６等級に格付けしてみましょう。大卒後、標準的に昇格したとすれば、６等級41号俸になりますので、その場合は基本給が38万円になります。家族手当は子供１人につき１万円という規程になっています。この人の場合、２人なので２万円付きます」

社長「この人は、有料職業紹介所の紹介で、年俸６５０万円ということで採用になります。その内訳はどうなりますか？」

コンサル「基本給38万円＋家族手当２万円＝給与総額40万円。賞与は年間で１７０万円。年収６５０万円ということでいかがですか？」

社長「残業代はどうなりますか？」

コンサル「６等級以上は時間外手当が付きません」

社長「わかりました」

▼北見昌朗による相談事例

社長「給与制度ができました。ありがとうございます。ところで、３人の人を中途で採用することになりました。その初任給の相談に乗ってください。初任給はいくらが良いでしょうか？」

北見「中途採用者の初任給を決めやすいのが北見式です。遠慮なくご質問ください」

社長「私が困っているのは１人目と２人目の処遇の違いです。同じ30歳の女性で、学歴は高卒と大卒。でも担当する仕事は営業職と事務職。それぞれの相場もわからない」

北見「性別は忘れてください。学歴もです。大事なのは何の仕事をしていただくか？　です。１人目は営業職として予算数字を背負った立場になるのでしたら総合職です。２人目は内勤の事務職でしたら、たとえ大卒であっても一般職です」

社長「なるほど」

北見「１人目は総合職です。北見式賃金表では、30歳の年齢給は22万６０００円なので、それが初任給です。時間外手当はやった分だけ付きます」

社長「へえ、すぐ決まるのですね」

北見「北見式賃金研究所は、中途採用者の初任給情報を収集していて、それに合わせて年齢給を設定しているので、年齢さえ聞けば初任給は一発決定です」

社長「２人目は？」

北見「２人目は、内勤事務職なら一般職です。一般職の場合、たとえ30歳であったとしても〝年齢相応〟の給与にはなりません。一般職ならば22歳であっても、30歳であっても19万５０００円です。この人の場合、お子様が１人なので、家族手当は１万円付きます。基本給19万５０００円＋家族手当１万円が初任給です」

社長「３人目は？」

北見「45歳ですが、年齢給は35歳で打ち止めなので23万６０００円です。家族手当は、子供１人につき１万円なので２万円です。基本給と家族手当の合計は月額で25万６０００円、年額で３０７万２０００円です。課長候補者として採用するならば、月額総支給で40万円前後が相場的に妥当だと思います。その不足分の14万４０００円を特別手当として支給することを提案します。年収６５０万円を保障する前提で、ほかに賞与として年間１７０万円を支給すればいいと思います」

社長「残業をした場合、どうなりますか？」

北見「特別手当は時間外手当として支給すると雇用契約書に明記してください。課長候補でも、あるいは課長であっても、時間外手当の支払いは必要です」

社長「特別手当はその後どうするのですか？」

北見「雇用契約書では『特別手当は１年後に査定のうえで見直す』と明記してください。もしも期待通りで、課長職にも就いた場合はこうなります。大卒後すぐ入社していたとみなすと、新基本給は、年齢給23万６０００円＋勤続給１万円＋査定給６万３０００円ということで30万９０００円です。家族手当は２万です。課長の役職手当は７万１０００円に設定します。そこで合計40万円になります」

社長「その給与40万円というのは、課長としてはどうなんですか？」

北見「やや弱い金額です。ちなみに『ズバリ！　実在賃金』（愛知県版）によると、40代の部課長の給与総額は、30人の会社では、次の通りです」

社長「わかりやすいグラフですね。まさに、このようなデータが欲しかった」

北見「上49万円、中43万円、下39万円となっていますので、部長は上と中の間、課長は中と下の間だと思ってください。40万円というのは、課長の下限レベルです」

社長「わかりやすいですね」

管理職の賃金総額（全業種・全規模・40代）

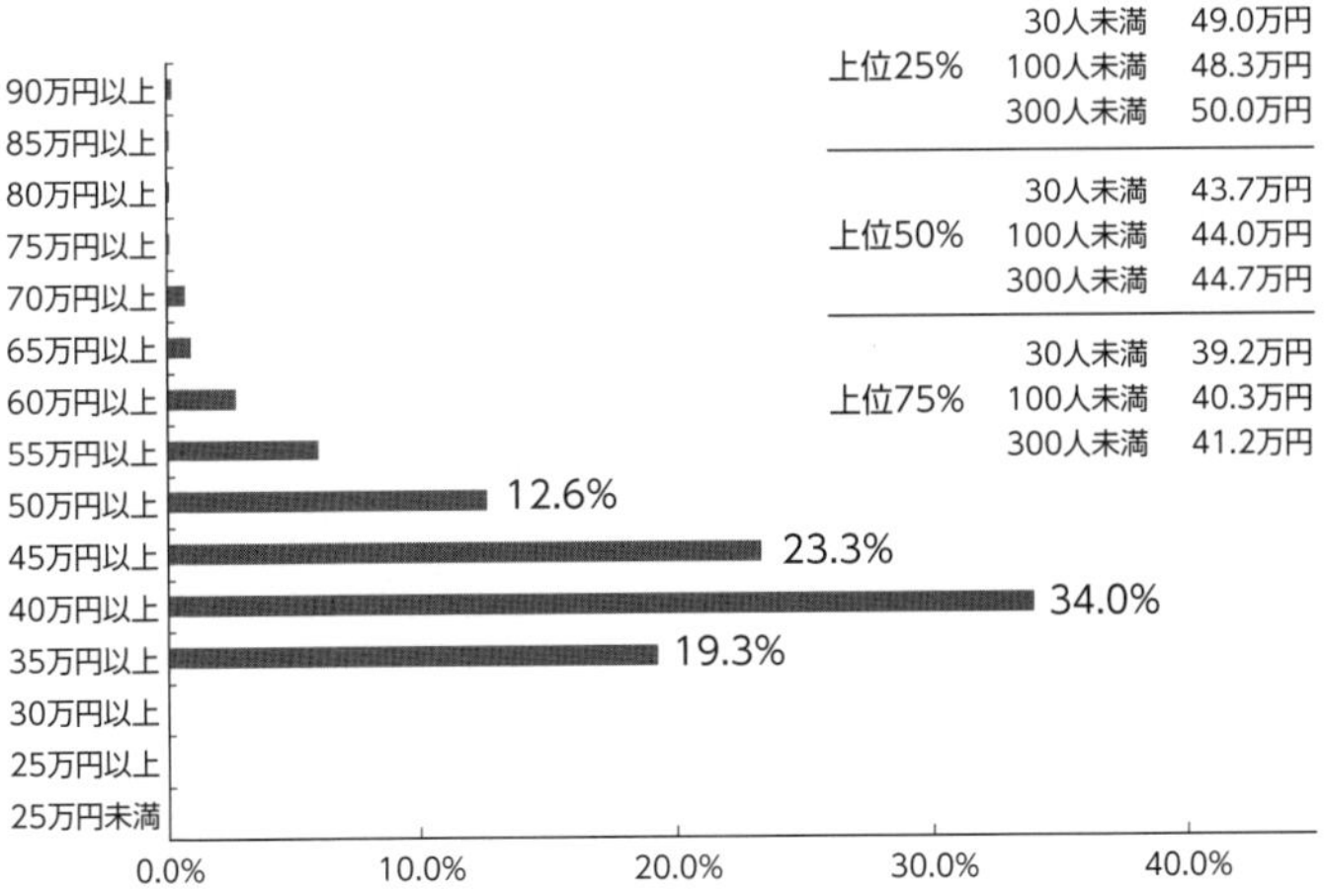

北見「賞与は、雇用契約書に次のように記載してください。『賞与は初年度に年間170万円を支給する。ただし2年目以降は当社の業績ならびに本人の勤務成績を考慮した額とする』」

社長「なるほど、それならばやりやすいですね」

第 5 部

北見式の給与診断
これだけの視点

「うちの給与を診ていただけないでしょうか？」

筆者と知り合いになった経営者は、そのように依頼してくる方が多い。そのように尋ねてくる経営者は、

「社員にちゃんとした給与を払ってあげたい」

という生真面目な方が多いのです。

筆者は、プロットグラフを作ってあげて視覚的に理解できるようにしたうえで、診断結果をコメントして差し上げています。

この給与の無料診断は、昔からやっていますが、最近はＺｏｏｍのおかげで全国に提供できるようになりました。こんな流れでさせていただいています。

社員の給与データを北見式賃金研究所に送る（氏名は不要、正社員および60代前半の嘱託のみ。オーナー家は不要）。

←

北見式賃金研究所がプロットグラフを会社に郵送。

←

会社と北見式賃金研究所がＺｏｏｍで面談して、診断結果を伝える。

社長「当社は北海道だが、受けていただけるのですか？」

北見「北見式賃金研究所は、全国四十七都道府県の給与グラフを用意しています。北海道版での対応は可能です」

社長「当社は、沖縄県の建築業です。建築業の年収・給与総額・所定内給与・基本給というすべてのデータが欲しい」

北見「無料診断で提供できるのは『沖縄県版　全業種　年収』のみです」

筆者が動画で詳しく解説しています。

ご視聴にはパスワードが不要。ＱＲコードサイトから書式（エクセル）もダウンロードできます。

▼給与診断の実際

筆者の給与診断の見本をおみせしましょう。

これは架空の事例ですが、鹿児島県の製造業Ａ社が北見式賃金研究所に給与診断を申し込んでこられたとします。社員数は50人ですが、ここではその一部の人の給与に対する診断を〝実演〟させていただきます。

社長「うちの給与をご覧になって、どんな印象を持たれますか？」

北見「基本給を決めるルールができていない気がします」

社長「どこがですか？」

北見「社員番号『8』の人は高卒の新卒ですが、給与は基本給17万円＋皆勤手当5000円です。鹿児島県の調査（2022年）によりますと、高卒の初任給は男性17万5000円、女性16万8000円になっています。基本給のみで比較しますと、貴社の初任給は皆勤手

給与診断の実際

						A	B	C	D	E ABCD	F	G	H EF
従業員番号	年齢	勤務年数	学歴	職種	職位	基本給	皆勤手当	役職手当	家族手当	所定内給与	時間外手当	時間外時間数	給与総額
1	30	8	大卒	製造職	主任	216,000	5,000	10,000	15,000	246,000	25,478	15	271,478
2	30	12	高卒	製造職	主任	206,000	5,000	10,000	0	221,000	32,500	20	253,500
3	30	0	高卒	製造職		170,000	5,000		15,000	190,000	51,471	40	241,471
4	30	0	大卒	製造職		216,000	5,000		0	221,000	32,500	20	253,500
5	25	3	高卒	製造職		179,000	5,000		0	184,000	20,294	15	204,294
6	22	0	大卒	製造職		200,000	5,000		0	205,000	30,147	20	235,147
7	22	4	高卒	製造職		190,000	5,000		0	195,000	8,603	6	203,603
8	18	0	高卒	製造職		170,000	5,000		0	175,000	12,868	10	187,868

当がある分だけやや弱く感じます」
社長「初任給は上がっていますからね」
北見「若手の奪い合いです」
社長「大卒者の初任給も問題ですか？」
北見「社員番号『6』の人は大卒の新卒ですが、給与は基本給20万円＋皆勤手当5000円です。鹿児島県の大卒初任給は20万7000円ですので、大卒の初任給もやや弱く感じます」
社長「皆勤手当を基本給に入れた方がいいですか？」
北見「それも検討された方がいいでしょう」
社長「中途採用者の初任給を決めるのに苦労しています」
北見「社員番号『3』の人は入ったばかりの中途採用者ですが、基本給は高卒の新卒者と同額であり、年齢相応の給与になっていません。貴社では中途採用時に〝年齢〟は加味しないのですか？」
社長「新人の場合は、新卒者と同じとして扱っています」
北見「給与には年齢相応の相場がありますから、それでは採用しにくいでしょう」
社長「初任給を伝えたら、入社を辞退されたことがありました」

北見「基本給の決定要素は『年齢給』『勤続給』『査定給』があります。貴社はその『年齢給』がないのです」

社長「確かに」

北見「社員番号『4』の人は30歳ですが、入ったばかりです。その人の基本給がなぜ『1』と同じなのですか？」

社長「大卒だからです」

北見「基本給の決定要素は『年齢給』『勤続給』『査定給』があります。貴社はその『勤続給』がないのです」

社長「ほかの人の給与を知った、既存の社員からも不満の声が出ています」

北見「社員番号『7』の人は高卒後4年経ちましたが、同じ年の『6』と比べますと、1万円も低い。これは学歴差別を感じます」

社長「『7』の人の給与は入社後ちゃんと上げてきましたが、大卒の初任給が高いので、どうしても格差が生じてしまいます」

北見「学歴格差は不満のもとになります。高卒者も22歳の時に大卒者と並べるべきだと私は思っています」

社長「そうですね」

北見「社員番号『1』の人は、30歳の大卒で、勤務年数8年の主任です。『2』の人（高卒）と比べて基本給が1万円も高いのはなぜですか？」

社長「『1』の人は大卒なので、高卒者よりも高い初任給で入っているからです」

北見「学歴差別は止めてください」

社長「私も学歴差別したいわけではない」

北見「社員番号『2』の人は高卒後に入社して30歳の主任ですので、貴社のモデルともいえます。基本給20万６０００円は高卒の新卒者『8』と比較しますと差額が３万６０００円であり、12年で割ると年に平均３０００円の昇給があったと推察できます。20代の昇給額としては非常に低いといわざるをえません。時間外手当を含めた給与総額も25万３０００円であり、低く感じます」

社長「そうですか！　彼は大事なキーマンです」

北見「こうしてみますと貴社の基本給決定は、ルールがないといわざるをえません。賃金表の作成をお勧めします」

▼診断のポイント

筆者がどんな観点から給与の善し悪しを判断しているのか、チェックポイントを紹介しましょう。北見式賃金研究所は、次のような視点でチェックしています。

チェックポイント①　会社のサイト

筆者は給与データを診る前に、会社のサイトを診ています。その視点は、こんなところです。

Q　会社のサイトが見つかるか？　×同じ社名の会社が前に表示される。

Q　若者が入社したくなるか？

Q　求人情報が載っているか？　×そもそも「採用情報」という欄がない。

Q　笑顔の写真が載っているか？　×難しい顔をした社長の写真

Q　動画があるか？

Q　基本的な募集条件（初任給・休日等）が載っているか？　×「当社規定により優遇」

これらの「Q」をクリアできる会社は、案外中小企業では少ない。素人が適当に作ったようなサイトが多いのも事実です。

チェックポイント②　求人票

会社のサイトの次は、求人票を診ています。ネットで検索すれば、以前出していたものまで閲覧できます。その際は、応募者目線で次のような点をチェックしています。

Q 初任給の額はどうか？

Q 初任給の基本給はどうか？

Q 固定時間外手当はないか？　×営業手当2万円（ブラック企業っぽい）

Q 休日数はどうか？　×年間休日１０５日（イマドキそれでは下位ランク）

Q 求人の競合企業に勝っているか？

Q 応募者が一番見ているといわれている「仕事の内容」が書き込まれているか？　×「製造業務」（何をするのかわかりません）

チェックポイント③　年齢構成

Q 高齢化していないか？　×平均年齢45歳以上

チェックポイント④　定着率

Q 勤務年数5年以内の人が多くないか？　定着率が悪いと仕事の質があがりません。定着率は業績向上の絶対条件です。

Q 「50代なのに一般社員の新人」がいないか？　会社は本来なら若い人を採用したかったが、来ないので仕方なく中高年を採用した場合は、採用力に問題があります。

チェックポイント⑤　賞与水準

Q 「勤務年数10年ぐらいの一般社員」に対して年間3カ月分程度以上の賞与を出しているか？

チェックポイント⑥　若手の初任給

Q 当地域・当業種の初任給と同等か？　あるいは上をいっているか？

初任給の金額は、採用力を左右する大きな要素です。最低でも〝引き立て役〟にならないようにしてください。もしも、こんな初任給があったとします。

> 大卒初任給（首都圏）
> 基本給16万円＋皆勤手当1万円＋能力手当1万円＋成果手当1万円＝総額19万円

筆者なら次のように診断します。

基本給16万円というのは低いので、イメージが良くなさそう。「この低い基本給で賞与や退職金を計算するのだろう」と思われてしまう。

19万円という額は、首都圏における相場を下回っています。

「皆勤手当1万円」は、現場作業員的な給与制度のイメージだと思います。大卒で総合職として勤務する人にはそぐわないのです。

「能力手当1万円＋成果手当1万円」は、意味不明です。「能力が低かったり、成果が出なければ不支給にされるのか？」という疑念を持たせます。言ってみればネガティブワードです。

チェックポイント⑦　固定時間外手当

Q 固定時間外手当を除いた所定内給与は、競争力があるか？

これはとくに卸売業に見受けられる傾向ですが、例えば、こんな大卒初任給を見たことがあります。

> 基本給18万円＋営業手当2万円＝合計20万円

これでは所定内給与が18万円なので、高卒並みです。

チェックポイント⑧　固定時間外手当の超過分の精算

Q 固定時間外手当で足りない分を時間外手当として払っているか？

固定時間外手当を払っている会社で、時間外手当の欄に「0」が並んでいれば、超過分を精算していない可能性が大です。

チェックポイント⑨　30歳前後の中途採用者の初任給

Q 「30歳　勤務年数0年　総合職」の初任給は、競争力があるか？

いわゆる〝年齢相応〟といえる給与になっているかどうか？　を診ています。「未経験の新人だから新卒と同じ給与」というわけにはいきません。

もしも、こんな給与を目にしたら、筆者はこう申し上げます。

（関西圏での大卒総合職・未経験者の中途採用者の初任給）
30歳　基本給20万円

「20万円という額は、22歳の新卒並み以下。この額では中途採用をしにくい」という診断をすることでしょう。総合職の採用は〝年齢相応〟の額でありたいものです。

チェックポイント⑩　スカウト採用者の初任給

Q　幹部候補として新規採用した人の給与は内訳がきちんとしているか？

最近は、年収の何％かの紹介手数料を支払う有料職業紹介所の利用も増えています。その際は、年収保障が前提です。

筆者は、年収を単純に12カ月で割って基本給とする例を目にしてきました。例えば、次の通りです。

（課長候補として入社した人の初年度の年俸。首都圏）
基本給60万円＋各種手当０＋時間外手当０＋賞与０＝年俸７２０万円

しかし、これでは疑問が噴出しそうです。こんなやりとりも予想されます。

課長候補「私って、時間外手当が付かないのですか？」

社長「年俸制だから時間外手当はない」
課長候補「でも、私は課長候補であって課長ではありません。仮に課長であったとしても、労基法上の管理者には該当しないはず」
社長「年俸７００万円以上なのだから、当社では幹部中の幹部だ」
課長候補「ところで賞与はないのですか？」
社長「賞与を含んだ年俸になっている。別に賞与はない」
課長候補「期待していた金額と違います」

いかがですか？　目に浮かびそうな会話でしょ？　筆者はこのような相談を受けているので、リアルに書けるのです。

また、社長からは次のような相談も来そうです。

社長「実は先日中途採用した人の件で相談に乗ってください。この人なんですが……」
北見「有料職業紹介所の紹介だったのですね。それにしても職歴が多いね」（履歴書を見ながら）

社長「即戦力になるということで採用したのですが、口ほどにもなく仕事ができません」
北見「採用の失敗ですか？」
社長「はい、残念ながら。そこで本人に給与を10％下げると伝えたところ、『約束違反だ』と反論を受けました」
北見「なるほど、この基本給60万円というのは、約束された既得権のように見えますね。これを下げるのは本人の同意が要るでしょう」（給与明細を見ながら）
社長「どうしましょうか？　仕事もロクにできないのに、こんな給与は払えません」
北見「本来なら、採用時に特別手当を盛り込んで、雇用契約書に『特別手当は入社1年後に勤務成績を査定した上で金額を見直す』という特約事項を記載しておいた方が良かった」

この失敗事例でわかる通り、高額な基本給のみという給与では、何が含まれていて、何が含まれていないのか？　誤解のもとになります。

スカウト採用は失敗もあります。期待外れだってありえます。そんな場合に備えて「特別手当」を設定した方がいいでしょう。

チェックポイント⑪　定着組の30歳前後の人の給与水準

Q　「30歳　定着組の総合職」の年収は４００万円以上あるか？

新卒で入社して30歳になっている総合職ならば、一定額以上の年収が欲しいものです。東京・名古屋・大阪という大都市圏ならば、仮に時間外が月間20時間程度だとすれば、最低でも４００万円（できれば４５０万円）以上は欲しいもの。

チェックポイント⑫　残業のない低年収者

Q　「残業ゼロのホワイト企業」といいながら低年収になっていないか？

仮に時間外がゼロならば、それに代わる給与が欲しいもの。筆者は「年収の伴わない時短」に関して否定的です。

例えば、次のような年収はいかがでしょうか？

> 30歳　男性　総合職　埼玉県勤務　勤務年数8年　扶養家族は子供１人（家族手当なし）

> 残業なし、年次有給休暇１００％消化
> 基本給22万円＋役職手当１万円＋時間外手当０＝給与総額23万円
> 賞与年間88万円　年収３６４万円

筆者は、このような給与を診ると、悲しい気持ちを抑えながら、厳しいことを申し上げます。

①基本給22万円は低過ぎます。初任給で入ってから、いくらも昇給していない。
②残業をさせないのは良いことですが、その分、年収水準を落としてしまう。
③家族手当という制度がないので、その分だけ年収が低くなりがちです。
④給与総額23万円というのは、手取りが18万円しかない。
⑤学卒後すぐ入社して30歳になり、子供が１人いて、年収は３６４万円しかない。そんな年収では将来子供を大学に進学させられないでしょう。役職手当が１万円あるので主任か係長クラスだと推察しますが、おそらく大事な人だと思います。年収はそれに見合っていません。

筆者は、普通の能力の人が長年真面目に働いてきたならば、社員が幸せに暮らせる年収を払うべきだと思います。大都市圏在住の「10年以上勤務の総合職」ならば「最低でも４００

万円以上」というのが筆者の常識です。「20年以上ならば５００万円以上」です。

チェックポイント⑬　家族手当や住宅手当の有無

Q　家族手当や住宅手当があるか？

家族手当や住宅手当を払う義務はありませんが、多くの会社が払っているものです。諸手当の中で占めるウエートが大きいので、それがなければ年収が低くなる可能性があります。

チェックポイント⑭　皆勤手当の有無

Q　皆勤手当が異様に多額ではないか？

パチンコ機械メーカーの給与明細を診た時に「皆勤手当３万円」というのが目に入りました。基本給はその分低くてです。これでは大卒が来ないと思いました。昔はパチンコホールだったそうで、その頃からの名残だそうです。

大卒総合職の初任給 基本給17万円＋皆勤手当３万円＝20万円

チェックポイント⑮　男女の給与格差

Q　男女間の給与格差を説明できるか？

政府は、男女間の給与格差を開示するように求めていますので、今後この問題は注目を集めそうです。例えば、こんなことがあったとすれば問題です。

×　扶養の有無を問わずに払っている家族手当（実際には男性のみに払っているのならば男女差別です）

チェックポイント⑯　時間外手当の計算方法

Q　時間外手当の計算式は適法か？

時間外手当の計算は、分子となる「基礎賃金」が定められていて、除外してもいいものが限定列挙されています。また、分母は月間平均の所定労働時間数ですので、時短すると時間外手当の単価が高くなります。

チェックポイント⑰　課長の時間外手当

Q　課長に時間外手当が払われているか？

労基法第41条では「監督若しくは管理の地位」を定めていますが、その認定のハードルは高いのです。中小企業では、課長クラスで認められることはまずありません。課長に時間外手当を払っていない会社はいまでも多いが、それは時代遅れです。「課長に時間外手当を払う」ことを前提にした給与制度に見直すべきです。

チェックポイント⑱　部課長の給与水準

Q 若手の課長（40歳前後）の給与総額は相場以上か？

若手の課長の中には、給与がまだ高くない人が見受けられます。係長と比べて、時間外手当を含めた給与総額が上であって欲しいものです。東京・名古屋・大阪という大都市圏の場合は、「40歳　課長」で40万円前後ないと相場的に弱い方です。

管理職の賃金総額（製造業・全規模・40代）

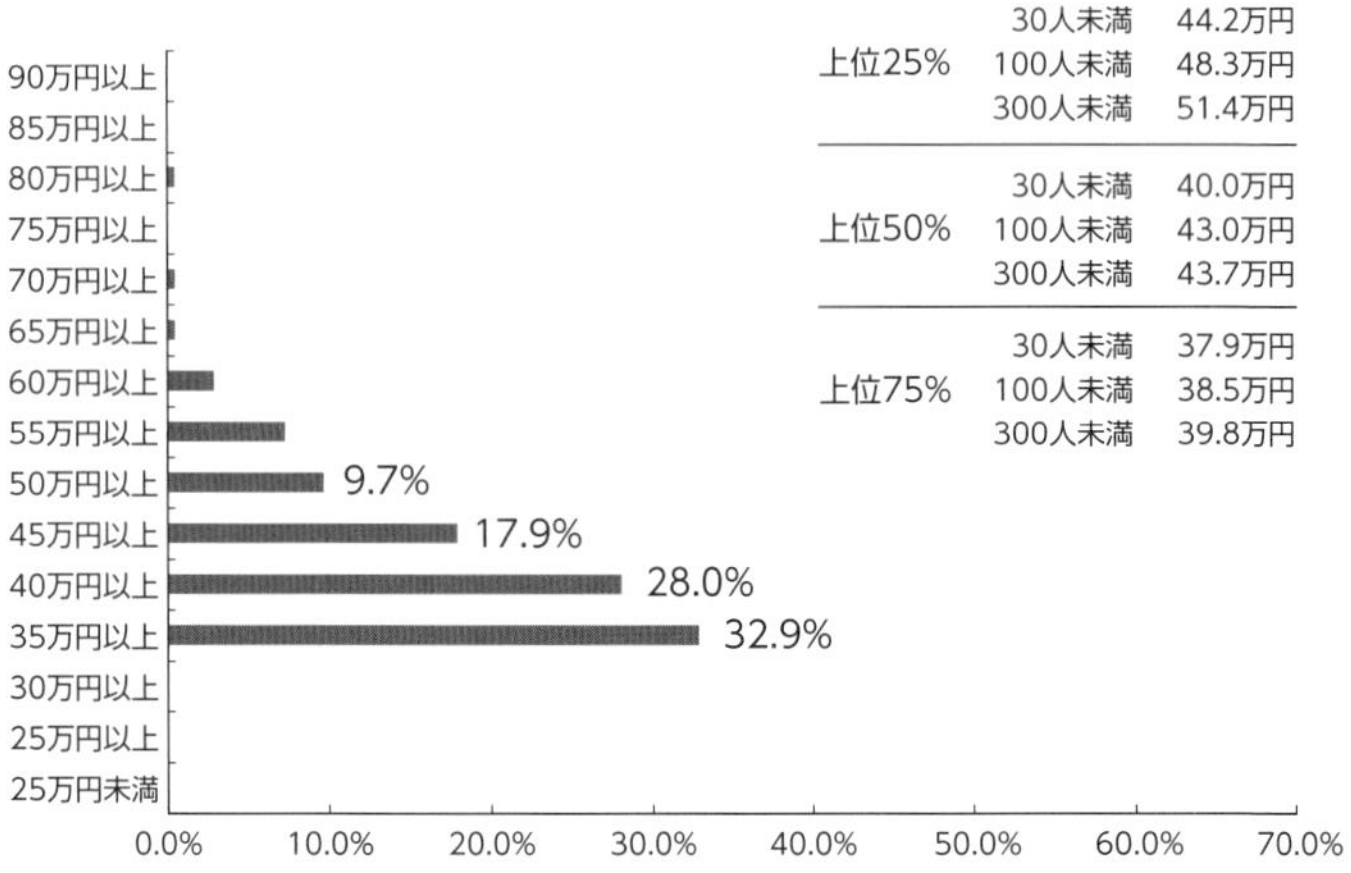

１６０ページの図表は「ズバリ！　実在賃金」の関西圏版からです。これは40代の相場です。

社員規模ごとに区分されていますが、「１００人未満」の場合は「上48万円　中43万円　下38万円」になっています。ここから課長は「38万以上43万円以下」と読み取れます。ちなみに部長なら「中」と「上」の間になります。

Q 50代の部長の給与総額は相場以上か？

次に首都圏における50代の相場も紹介します。「ズバリ！　実在賃金」（首都圏版、１６１ページ）によれば、50代の部課長の給与総額は、下記のグラフの通りです。

「１００人未満」の場合は「上55万円　中49万円　下43万円」になっています。ここか

管理職の賃金総額（全業種・全規模・50代）

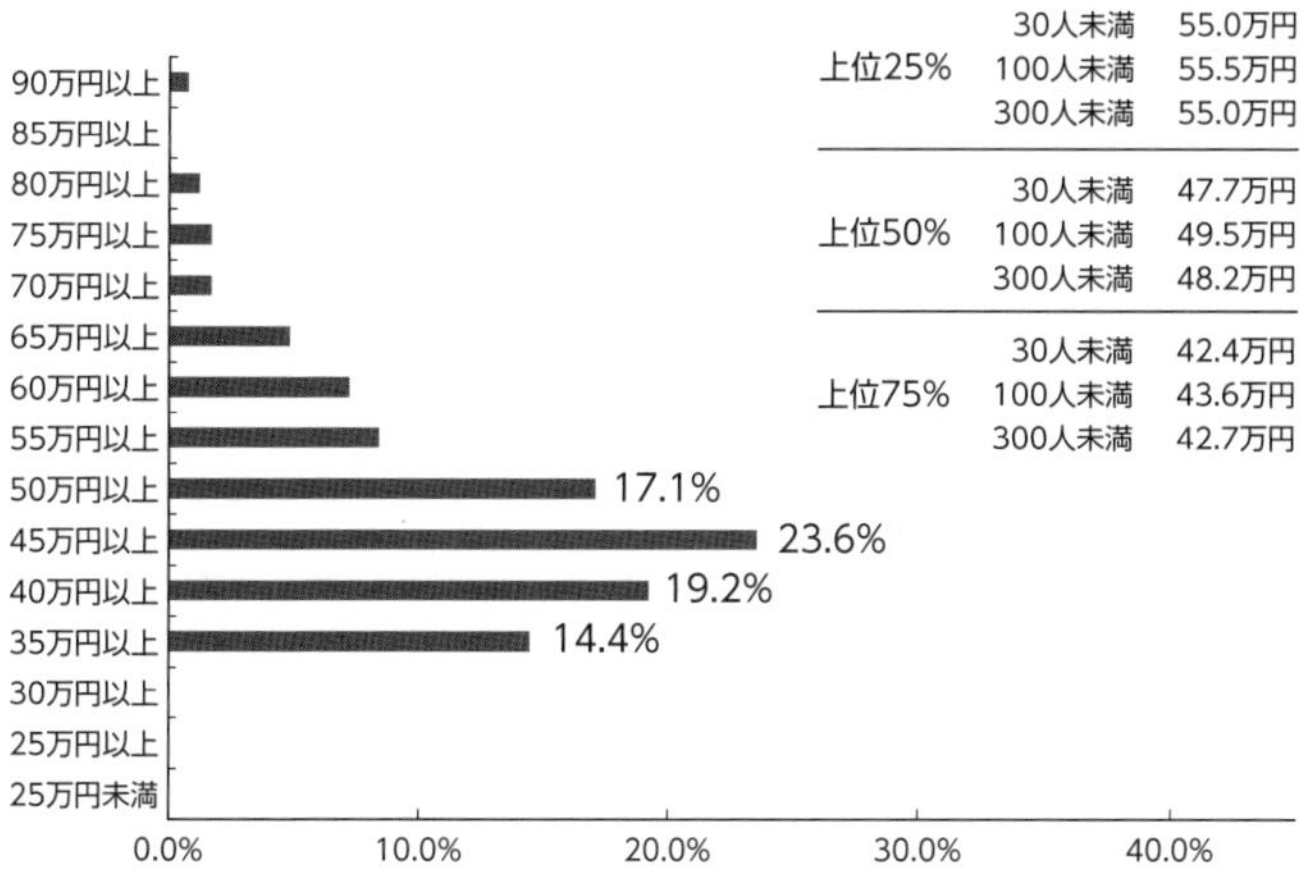

ら部長は「49万以上55万円以下」、課長は「43万円以上49万円以下」と読み取れます。

チェックポイント⑲　従業員役員の報酬の水準

Q 取締役部長など従業員兼務役員の報酬は60万円以上か？

取締役部長（常務専務を除く）など兼務役員の報酬は、東京・名古屋・大阪という大都市圏ならば、60万円前後です。賞与は別に出ます。

下記は「賞与が別に出ている役員（従業員兼務役員）の報酬額の調査結果です。「ズバリ！　実在賃金」（愛知県版）

従業員役員の月収（全業種・全規模）

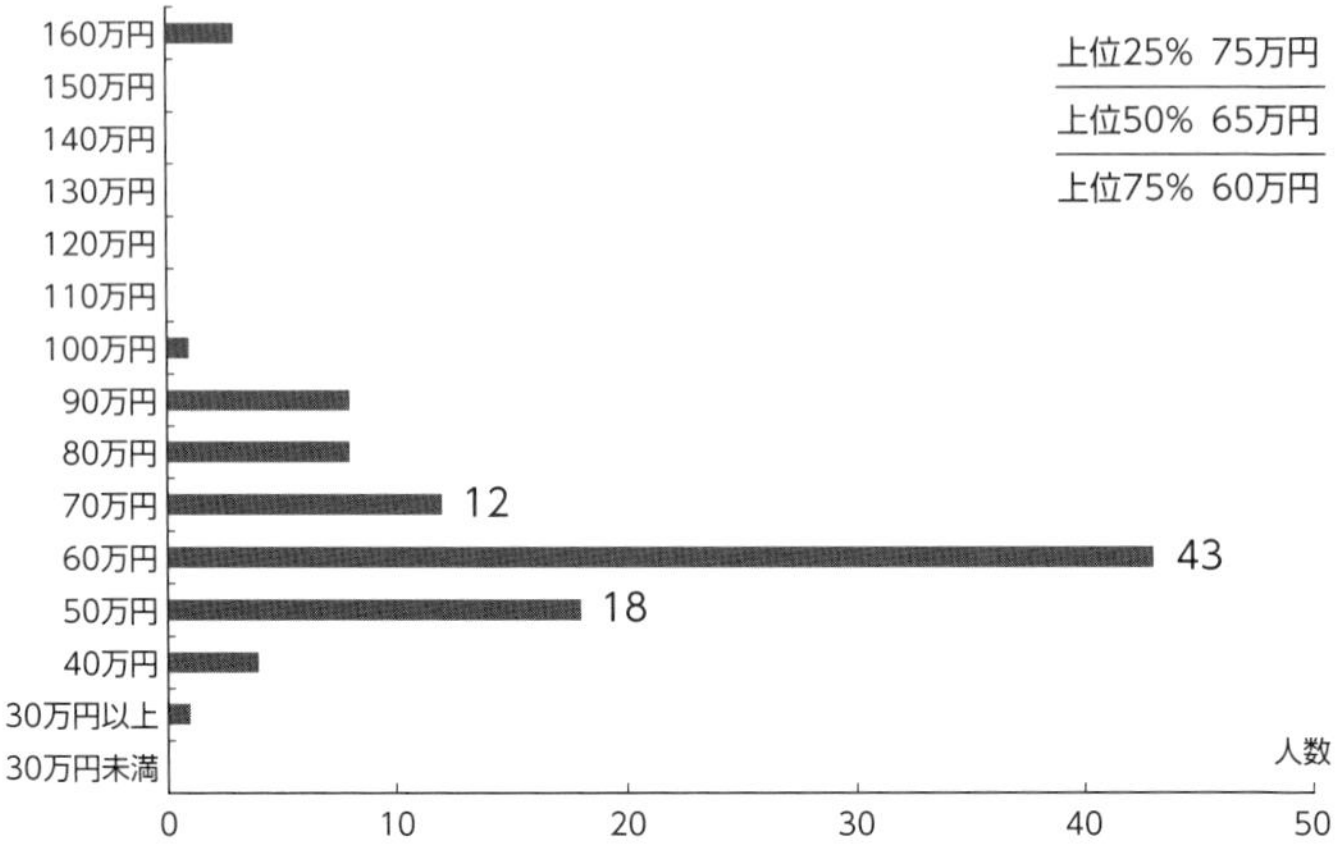

チェックポイント⑳　従業員役員の役員報酬の内訳

Q 従業員兼務役員は、雇用保険および労災保険に入っているか？

取締役だといわれても、オーナーという立場でないのなら、保障が欲しいものです。雇用保険および労災保険の加入は、筆者に言わせれば必須です。

Q 従業員兼務役員の報酬は、従業員給与分及び役員報酬分とに分かれているか？

従業員兼務役員が雇用保険および労災保険に入るには、報酬が従業員給与分および役員報酬分に分かれていて、従業員分の方が多い必要があります。

例えば、次のような給与明細であった場合は、仮に雇用保険に加入していたとしても、ハローワークのフロントでは「雇用保険の被保険者の要件を満たしていない」としてはねられる可能性があります。この「基本給」が「役員報酬」に該当するのではないかという疑問からです。

基本給60万円

チェックポイント㉑　嘱託の給与水準

Q 食べていける額か？

嘱託の給与を、現役時代の60％に設定している会社はいまだに多く見受けられます。それは雇用保険の高年齢雇用継続給付の仕組みが影響しています。60歳以上の給与が現役時代の61％以下に低下した場合、15％相当額が支給されるからです。しかし、この制度も減額・廃止の予定です。また、厚生年金は以前なら60歳から一部支給されていましたが、それは相当前の話です。手取り面から考えますと、本人の収入は次の通りです。

「会社からもらう給与総額＋高年齢雇用継続給付」×0・8＝手取り収入

これからは65歳までは給与のみで暮らす時代になります。食べていける額かどうか、再検討が求められています。

チェックポイント㉒　同一労働同一賃金の遵守

Q　正規社員に出ている各種手当は非正規にも出ているか？

例えば、皆勤手当、住宅手当、家族手当、食事手当など各種手当がありますが、正規社員にそれを支給している場合は、非正規にも必要になります。

チェックポイント㉓　嘱託に対する手当の支払い

Q　嘱託にも家族手当・住宅手当を払っているか？

最高裁は、某運輸会社の事件において嘱託に対して家族手当および住宅手当の支払いを命じませんでした。その際に最高裁は「住宅手当は住宅費負担の補助、家族手当は扶養の補助である。正社員は幅広い年代が存在し、生活費補助に相応の理由あり、嘱託は年金支給が予定されている」とし「職務内容等が定年前と同一であっても、不支給は不合理ではない」と結論付けました。

しかし、筆者は現時点ではこの判決は参考にしにくいと考えています。裁判は長期間続いてきたと思いますが、今日では状況が違います。今は60歳から原則として年金が出ないからです。筆者は、家族手当・住宅手当を払っておいた方が無難であると考えます。

問題となる事例
59歳の給与
基本給30万円＋皆勤手当１万円＋食事手当１万円＋家族手当１万円＝合計33万円
↓
60歳の給与
基本給19・８万円

第6部

業績連動！昇給および賞与の“総原資”の決め方

PART 1
従業員分配率の考え方、算出方法

社長「労働分配率は何%が適切ですか？」

北見「この質問はよく受けますが、労働分配率という言葉を聞くと、筆者は首を横に振ります。『労働分配率』という言葉は、上場会社を前提にしているので、未上場オーナー会社には合わないからです。その理由は、分子となる人件費には社長などのオーナー分も含まれますが、未上場オーナー会社の場合、社長の役員報酬は〝経費〟というよりも〝利益〟であり、従業員分と同一視しない方が良いからです。私は代わりに〝従業員分配率〟という言葉を提案します。それは『従業員分の人件費÷付加価値』から出します」

社長「人件費とは？」

北見「人件費の概念は、上場企業と未上場企業とでは異なると思います。上場企業の場合なら『役員報酬＋役員賞与＋従業員給与＋従業員賞与＋役員退職慰労金＋従業員退職金』が人件費だと思います。これに対して未上場オーナー企業の場合なら『従業員給与＋従業員賞与＋従業員退職金』になると思います」

社長「労働分配率は何％が相場ですか？　参考になる統計はありますか？」

北見「中小企業庁は労働分配率を公表しています。しかしながら、そのサイトには次のように記載されています」

> 労働分配率とは、人件費（役員給与＋役員賞与＋従業員給与＋従業員賞与＋福利厚生費）÷付加価値額

北見「つまり人件費に役員関係の費用が含まれています。中小企業では役員報酬の占める比率が高いので、それがいくらかで人件費額が大きく左右されます。だから中小企業庁が公表している労働分配率は、参考にしがたいと思います。

　それから別件ですが、某税理士事務所が関与先の決算書を基に労働分配率を調べて統計にしています。筆者はそれを取り寄せて研究しましたが、付加価値額のとら

え方が各社まちまちのようで、数値が大きくブレていました。よって参考にならないという結論を筆者は出しました」

社長「従業員分配率はどうやって算出するのですか？」

北見「従業員分配率は、次のように算出します」

（従業員人件費に含まれるもの）

給与＋賞与＋退職金掛け金＋社会保険料

（含まれないもの）

退職金（掛け金のほかに払った額）＋法定外福利厚生費＋求人費用＋教育研修費

北見「また、分母となる付加価値額の算出方法は、各社各様になっている面もありますので会社の判断で決めてください」

社長「その従業員分配率は何％が相場で、何％が適切ですか？」

北見「どこにも参考になる資料はないと思います。付加価値額のとらえ方が各社まちまちだからです。

　私は、外部との比較はしにくいので、あくまでも内部比較、つまり過去3年間の比較のみでいいと思っています。『従業員人件費÷付加価値』の過去3年間の数値をチェックして適正値を探るほかないと思います。例えば、こんな感じです」

前年	従業員分配率	60％	経常利益	５０００万円の赤字
前々年	従業員分配率	55％	経常利益	収支トントン
前々々年	従業員分配率	50％	経常利益	５０００万円

北見「経常利益がいくらだったら〝適正〟かは会社ごとに異なることですが、もしも『５０００万円』が適正だというのならば、従業員分配率50％を〝基準〟にしても構わないと思います」

社長「経営数値は、社員にどこまで公開するべきですか？」

北見「経営者の考え方次第ですが、未上場会社では決算書を社内で公開しているところはわずかです。決算書を公開しても、多くの人は読み取る力がないのが現実だと思います。例えば、

『いいなあ社長は役員報酬が多くて』

『交際費をこんなに使っているのか？』

などという低次元な反応を予想されるのが現実的だと思います。

私としては、決算書の公開まではお勧めしていません。私がお勧めするのは粗利益（メーカーの場合は限界利益）の数字です。それなら秘密にする必要はないからです」


社長「昇給や賞与の総額は、どう決めればいいのですか？」

北見「ご質問の趣旨は、利益が出たら、どれだけを社員に分配するのか？　だと思います。その基準となる目安を作るのはとてもいいことです。

仮に50％が適正な従業員分配率だとします。その場合、もしも粗利益が６００万円増えたら、次のようになります」


粗利益の増加額６００万円×社員への還元率50％＝人件費の増加許容額３００万円

北見「ところで、人件費が増加する要因には、次の要素が考えられます」

> 人件費の増加額＝人数の増加によるもの＋昇給によるもの＋賞与の増加によるもの＋退職金の増加によるもの

北見「このほかにも、社会保険料や求人費用や教育費等も考えられますが、複雑になるので除外しましょう。また、退職金に関しては凸凹があるので、毎月の掛け金のみを考えた方がいいと思います。そうなると、次のように絞られます」

> 人件費の増加額＝①人数の増加によるもの＋②昇給によるもの＋③賞与の増加によるもの＋④退職金の掛け金増加によるもの

北見「この中で②③④は、働く人に還元されるものですから、筆者はこれを〝待遇改善分〟と呼んでいます。つまり『増員分』および『待遇改善分』に区分できます」

> 人件費の増額＝①人数の増加によるもの＋待遇改善分（②昇給によるもの＋③賞与の増加によるもの＋④退職金の掛け金増加によるもの）

社長「人件費の『増員分』および『待遇改善分』は、どう決めればいいのですか？」

北見「それは『増員分』をどれだけ見込むか？　によります。そこは会社によって異なります。例えばこんな感じです」

例

安定成長して、入る人も辞める人も少ない会社なら待遇改善分を０・５とする。

急成長して増員中の会社なら待遇改善分を０・３とする。

北見「このあたりは、増員に伴う人件費増を自社で計算していただくほかありません。トップが政策的に決めることです。

ちなみに私が経営する社会保険労務士法人北見事務所は職員数38人ですが、待遇改善分は『０・５』となっています」

PART 2 増益・減益時の具体的ケース

▼事例①（増益の場合）

A社は、卸売業です。社員30人。前年決算は、従業員分配率が50％で、経常利益は５０００万円でした。今年の粗利益は前年よりも６００万円増えました。

社長「おかげさまで粗利益が前期よりも６００万円増えました。社員にどうやって還元すればいいでしょうか？」

北見「従業員分配率が50％というのは適正な数値のような気がします。それで５０００万円の利益が出ているのならば確かに適正だと思います。社員は今後どんどん増員しますか？」

社長「今後も社員30人の規模でいきたい。昨年は1人辞めて、2人入りました」
北見「そんな感じの安定成長なら、増員分および待遇改善分を5対5と決めればいいと思います。そうなりますと、粗利益300万円が待遇改善分になります」
社長「なるほど」
北見「待遇改善分は『昇給+賞与の増加+退職金の掛け金増加』の合計値です。この中での優先順位は、筆者ならばこうなります」

①パートタイマーの時給引き上げ
②新卒等若手の初任給の引き上げ
③退職金掛け金引き上げ
④幹部陣の年俸引き上げ
⑤賞与の増額
⑥中高年の給与の引き上げ

社長「なぜ、その順番に?」
北見「自社ではいかんともしがたい経費アップは、やむなしということです。①パートタイマーの時給引き上げ、②新卒など若手の初任給の引き上げは相場の動きですからやむを得ません。③退職金掛け金引き上げというのは、退職金という簿外負債を増やさないために必要です」

社長「経営の先行きも不透明なので賞与の比重を高めたいのですが……」

北見「お気持ちはわかりますが、優先順位は採用力向上だと思います。貴社の人員構成を見ると高齢化が進んでいますね」

社長「当社は高齢化しているので若手を入れていきたい」

北見「そうでしょ、そのためにも初任給は大事です」

社長「内訳はどうするのですか？」

北見「社員の顔を思い浮かべながらエクセルで試算してください。例えばこんな感じです」

①パートタイマーの時給引き上げ（最低賃金アップに対応）50万円
②新卒など若手の初任給の引き上げ（採用力強化）１００万円
③退職金掛け金引き上げ（簿外負債を増やさない）30万円
④幹部陣の年俸引き上げ（上昇意欲の喚起）50万円

⑤賞与の増額（やる気の喚起）50万円
⑥中高年の給与の引き上げ（物価高に対応）20万円

社長「具体的ですね。参考になります」

▼事例②（減益の場合）

B社は、卸売業です。社員30人。前年決算は、従業員分配率が50％で、経常利益は5000万円でした。今年の粗利益は前年よりも600万円減りました。

社長「残念ながら減益でした」
北見「粗利益が600万円減ったということは、その0・5が300万円ですから、待遇を300万円落とす必要があります」
社長「社員が納得してくれますかねえ？」
北見「やむを得ない。業績が良い時、良くない時にどうするのか、その情報を共有することはとても大事です。粗利益は常に回覧させてください。さすれば、社員側にも腹づもりができます。給与や賞与は、それを引き上げる際には同時に引き下げる基準を設けておくのが肝要です」

社長「そうありたいものです」

北見「ところで人件費で増えるものがありますか？」

社長「パートタイマーの時給引き上げがありました」

北見「それはいくらですか？」

社長「年間１００万円です」

北見「ということは３００万円だけではなく、４００万円の人件費削減が必要です。前年の賞与は総額でいくらでしたか？」

社長「２０００万円です」

北見「それならば、賞与の総額は１６００万円に下げることになります」

社長「社員に説明しておきます」

筆者が動画で詳しく解説しています。
ご視聴にはパスワードが必要です。
パスワードは「f65ec」。ＱＲコード

▼業績悪化時における定昇の有無は

A社は、業績不振に陥り希望退職の募集に踏み切ることになりました。そこで問題になったのは定期昇給（定昇）です。定昇をするべきか否か、二人の給与コンサルタントが相談に応じました。昔ながらの人事制度にこだわる日本給与研究センターのコンサルタントと、北見昌朗です。

日本給与研究センターのコンサルタントによる相談事例

社長「実は赤字になってしまい、人件費の削減に踏み切るほかなく希望退職の募集を始めます。それで先生にご相談したいのは今年の昇給です。こんな状況だから、もちろん昇給は全員ストップでいいですよね？」

コンサル「大変な経営状況だとはお察しします。しかしながら、貴社の就業規則には『賃上げ』という規定があり、そこで定昇のルールが定められています」

社長「ということは定昇が義務ということですか？」

コンサル「はい」

社長「でも、法律は賃上げを義務化していませんよね？」

コンサル「労基法では賃上げが義務化されていません。しかし、就業規則にそのルールを記載すれば定昇は義務であり、行わないのは就業規則違反です。貴社の就業規則にはこのように年齢給・勤続給・職能給の表が載っています。定昇は社員の権利です。会社の義務です」

社長「でも、その就業規則は先生が作成したものですよね？」

コンサル「はい、社長と充分協議したうえで定めたものです。社員説明会も行ったうえで労基署に届出済みです」

社長「甘かった。経営不振の際にどう対応するべきか、就業規則に載せておくべきだった」

コンサル「定昇を、経営がいい時には行い、悪い時には行わないというのは変ではないですか？」

社長「なぜ？」

コンサル「頑張った人なのに、業績がいい年は定昇があり、悪い年は定昇がなければ、人事考課を行った意味がないではないですか！」

社長「そういわれても昇給できる状況ではない」

コンサル「定昇を行わなければ、事実上の賃下げです」

社長「もう虐めないでくださいよ」

コンサル「過去の例では定昇の実施時期を11カ月間遅らせて行った事例はあります。そこまでしないと、社員の努力が報われません」

社長（……）

▼北見昌朗による相談事例

社長「実は赤字になってしまい、人件費の削減に踏み切るほかなく、希望退職の募集を始めます。それでご相談したいのは今年の昇給です。こんな状況だから、もちろん昇給は全員ストップでいいですよね？」

北見「もちろんです。ない袖は振れません」

社長「でも、以前お願いしていた日本給与研究センターのコンサルから『定昇は社員の権利で、会社の義務だ』といわれました」

北見「なぜですか？　労基法では賃上げが義務化されていません」

社長「そのコンサルは『貴社の就業規則の中に賃上げという規定があり、そこで定昇のルールが定められている。就業規則には年齢給・勤続給・職能給の表が載っているので、行わないのは就業規則違反だ』というのです」

北見「そんな就業規則にすれば確かに定昇は会社の義務になります。でも、中小企業はそんな就業規則にするべきではありません。将来の昇給を約束できる中小企業などありません」

社長「では、北見式賃金研究所の就業規則はどう書かれているのですか？」

北見「北見式賃金研究所が作る就業規則は『給与の見直しは毎年4月に実施します。その金額は会社の業績および社員の勤務成績を考慮して決定します』と定められているだけで、どこにも『賃上げ』とか『昇給』という文字はありません」

社長「でも、勤続給とか年齢給とか査定給という表があるので、その金額を上げるのは会社の義務ではないですか？」

北見「いいえ。それは経営者向けの昇給マニュアルのアンチョコに過ぎません。社員に見せるものではありません」

社長「以前お願いした日本給与研究所のコンサルタントから『定昇を行わなければ、事実上の賃下げです』といわれましたが、その点いかがですか？」

北見「昇給しないことが、事実上の賃下げだというのは労組の論理です」

社長「日本給与研究所のコンサルタントから『過去の例では定昇の実施時期を11カ月間遅

らせて行った事例はあります』といわれましたが、その点はどう思われますか？」

北見「意味のないことだと思います」

社長「それでは結局、弊社はいかがすればいいでしょうか？」

北見「昇給しながら、同時に希望退職を行うのは、矛盾していて社員の納得は得られません。昇給しないが、希望退職もしない、というのはできませんか？」

社長「当社の経営では人件費削減を避けられない状況です」

北見「それならば希望退職をせずに、逆に給与をカットしたらいかがですか？　例えば社長は3割、他の役員は2割、管理職は1割、一般社員は5％などと引き下げるのです。そこまでしても雇用は守るべきです」

社長「社員の同意が得られるでしょうか？」

北見「心を込めて誠心誠意話してください。一部の人を除いて多くの社員は理解してくれるでしょう」

▼「営業利益の3分の1を決算賞与にする」仕組みの問題点

社長「営業利益の3分の1を決算賞与として配るという話を聞いたことがあります。この点、どう思われますか？」

北見「昔からよくいわれている方法です。利益を、社員、会社、株主という3者で分配するわけです。しかしながら私は賛成しません。その仕組みは上場企業ならば合うのかもしれませんが、未上場ではそぐわない」

社長「なぜ？」

北見「未上場企業では、経営者が株主である場合が大半です。それから、中小企業は配当を出していないところが多い」

社長「確かに、うちの会社も配当を出していません。配当を出すと株価が上がってしまうので、将来の事業承継で困るからです」

北見「ほかにも問題があります。営業利益は、社長が自分の役員報酬を引き上げたら減ります。そうなると、社長と社員が対立軸になってしまい、ウインウインの関係ではなくなってしまう」

社長「それは困りますね」

北見「もう一つの問題は、そもそも決算書を社員に見せていない会社が多い。営業利益を社員に公開しない会社は、その利益分配の仕組みを使えない」

社長「私も決算書を社員に見せていない」

北見「粗利益額は秘密ではないので、全社で共有できるはず。経営とは1円の積み重ねですから、全員が利益を意識して行動するように仕向けていくべきです」

社長「稼ぐ集団を目指せ、というわけですね。理解できました」

第 7 部

“社長” が納得できる評価の行い方

「誰もが納得できる絶対評価に基づく基準はありませんか？」

この質問を受けると、筆者は即座に「ありません」とお答えします。働く人の中には能力が低いにもかかわらず謙虚さがなく、真面目に働かない人もいます。そんな人も含めて全員が〝納得〟するわけがありません。

評価は、どんな基準で行っても反論を受けますし、評価しなければしないで反論を受けます。そういうものです。

大事なことは、給与を支払う社長が自分自身で納得できるかどうかです。目指すべきは〝社長の納得〟です。

「何をどう評価すれば良いのか悩みます」

よく聞く言葉です。お釈迦様でもない限り、他人を評価するのは難しい。でも、ここは割り切るほかないと筆者は思います。割り切るとは、そもそも誰が何のために評価するのか？という基本的な点です。そもそも評価とは、

「会社が、社員の昇給や賞与を決定するために評価する」

ということです。いい方を変えれば、

「オカネを払う人が、オカネをもらう相手を評価する」

ということです。

たとえが変かもしれませんが、ラーメン屋に例えてみましょう。

「オカネを払うお客が、ラーメン屋を評価する」

わけです。仮に味が合わなかったとしましょう。ラーメン屋にしてみれば精魂傾けて作った味であったとしても、

「旨いか旨くないかは客が決める」

ものだからです。ラーメン屋が評価結果に納得できないといっても意味がありません。

この論理でいけば、評価は給与を払う会社が行うものであって、あくまで一方的なものです。大事なことは、中小企業ならば社長自身が納得できたか否かです。社員はその評価に納得できなければ、納得できる会社に転職すればいい。それだけのことです。

▼評価項目は勤務姿勢・職務能力・成果など5つに絞る

社長が社員に期待することは、業績への貢献です。では、どんな人が業績に貢献してくれるのでしょうか？

筆者は、次の5つだと考えています。

ア　ニコニコと、気持ち良く働いてくれた人（勤務姿勢）
イ　テキパキと、仕事のできる人（職務能力）
ウ　バリバリと、稼いでくれた人（仕事の成果）
エ　コツコツと、辞めずに勤めてくれた人（勤務年数）
オ　モクモクと、休まずに勤めてくれた人（出勤率）

実は、この5つは業種や職種を問わずに共通であり、どこでも変わらないのです。例えば工場勤務を考えてみましょう。こんな査定結果の2人がいたら、どちらが貢献していますか？

ア　ニコニコと、気持ち良く働いてくれたか？（勤務姿勢）◎　挨拶・返事・笑顔良し
イ　テキパキと、仕事ができるか？（職務能力）○　仕事を覚えて一人前
ウ　バリバリと、稼いでくれたか？（仕事の成果）◎　生産性向上に協力
エ　コツコツと、辞めずに勤めてくれたか？（勤務年数）△　入社して3年目

オ　モクモクと、休まずに勤めてくれたか？（出勤率）○　ほぼ休まず

ア　ニコニコと、気持ち良く働いてくれたか？（勤務姿勢）×　挨拶もせず
イ　テキパキと、仕事ができるか？（職務能力）×　イマイチ
ウ　バリバリと、稼いでくれたか？（仕事の成果）×　サッパリ上がらず
エ　コツコツと、辞めずに勤めてくれたか？（勤務年数）○　勤務年数10年
オ　モクモクと、休まずに勤めてくれたか？（出勤率）△　時々欠勤あり

いうまでもないはずです。これらの評価項目が大事ということは、あらゆる仕事で共通です。

▼相対評価が最も的を射ている

「評価」の仕方にもいろいろな考え方があります。「絶対評価」がいいのか「相対評価」がいいのかという議論は昔からあります。

教育現場は例の「ゆとり教育」以降、絶対評価を行っているようです。しかしながら「ゆ

とり教育」に対する批判の声は大きいのも事実です。いわゆるＺ世代の覇気がないのも、「ゆとり教育」のせいだという人もいます。

筆者は、ゆとり教育や絶対評価に対して懐疑的です。昇給にしても賞与にしても、オカネの分配である以上、相対的であるはずです。ある人の昇給を増やしたら、ほかの人の昇給が少なくなるという関係です。

最近は「絶対評価」に枕言葉まで付けて「加点主義絶対評価」などという理想主義者もいますが、筆者に言わせれば戯言です。

人間は常に何かと比較しながら物事を相対的に判断するものです。

▼査定表は見本を示すだけでいい

北見式賃金は査定表を「部下用」（係長以下）、「上司用」（課長以上）とに分けて作っています。また職種は、製造、営業、営業事務、総務経理、物流等ごとに作っています。その製造職（部下用）の見本をココに載せましょう。北見式の査定表は、Ａ４１枚なのも特長です。

北見式の査定表は、社員に見せるだけのものであるのも特長です。だから採点する欄もありません。いってみれば、会社が期待する模範的社員像を示すのみです。

査定表（製造）

部下用

・部署　　　・氏名　　　・生年月日　昭和 平成　年　月　日

・年齢　歳　・入社　平成　年　月　日　・勤務年数　年

・評価期間　令和　年　月　日から　年　月まで

主要な評価項目	観点
勤務態度　ニコニコ	・人の目を見て、明るく挨拶しているか？ ・上司の言葉をメモをとりながら聞いているか？ ・清掃活動に積極的に参加しているか？ ・身だしなみはキレイか？ ・時間を守っているか？ ・立ち姿・歩き姿がきちんとしているか？ ・チームワークは良いか？
職務能力　キビキビ	・技能や知識のレベルは向上しているか？ ・専門的な技能や知識を身に付けようと努力しているか？ ・レベルアップにつながる資格を取得したか？ ・パソコン操作は得意か？ ・得意分野があるか？
仕事の成果　バリバリ	・同じような勤務年数の人と比べて仕事は早いか？ ・与えられた仕事を喜んでしているか？ ・能率阻害の要因を探究して上司に報告しているか？ ・上司からの残業依頼に協力しているか？ ・生産性アップの計画を実行しているか？ ・上司や先輩に対する「ホウレンソウ」をしているか？ ・意味があまりない残業はなかったか？ ・５Ｓ（整理・整とん・清掃・清潔・しつけ）を実行しているか？ ・不良率を前年よりも減らしたか？ ・標準作業書を守ったか？ ・異常時の対応ができているか？

特別な事情	・仕事を増やすことに貢献した。 ・コストを減らすことに貢献した。 ・必要な時に残業に協力した。
	・オシャカが目立った。 ・健康に問題があり、勤務に支障がある。 ・無駄な残業が目に付く。 ・クレームをもらった。 ・迷惑がられている。ハラスメント行為の有無。

出勤の状況		
欠勤	日	
遅刻・早退の回数	回	時間　分

保有している資格	フォークリフト運転　玉掛け　技能検定（旋盤 ２級）
評価期間中に取得した資格	
今後、取得を望まれる資格	技能検定（旋盤 1級）

例えば①自己申告させる、②課長が評価する、③部長が評価する、④査定会議で協議して決める、⑤本人に説明して納得を得る——というプロセスはありません。

▼事例（人事考課の模擬会議）

それでは査定会議を模擬的にやってみましょう。

C社は、製造業。社員50人。昇給や賞与は社長を含む経営幹部5人で決めているので、この日も5人が参加した。

北見「フセンと紙は用意されましたか？」

総務部長「はい、でも何に使うのですか？」

北見「そこに社員の名前を手書きしてください」

総務部長「手書きしました」

北見「では、いきましょう。第①の評価項目は『勤務姿勢』です。社内で一番人数の多い部署はどこですか？」

社長「製造部です」

北見「では、まず係長以下の一般社員から評価しましょう。何人いますか？」

工場長「10人です」
北見「『勤務姿勢』という点では製造部の一般社員の中で、30代ぐらいで、とくに良くもなく悪くもない普通の人は誰ですか？」
工場長「強いて挙げれば加藤でしょう」
北見「では、加藤のフセンを『5』のところに置いてください」（196ページ）（A3の用紙には1から10のグラフが置いてあった）。次に加藤と同じ評価の人は誰ですか？」
工場長「そんなことを急にいわれても難しいですよ。いったいどんな基準で評価するかも決まっていないのに」
北見「『勤務姿勢』とは要するにニコニコして働いてくれることです。それが基準です」
社長「ニコニコですか？　それならば伊藤が素晴らしい。伊藤は挨拶ができて、笑顔も良い。私は伊藤に『8点』を付けてあげたい」
北見「では、伊藤を8点のところに置いてください。工場長、製造の他部署を含めた工場全体ではいかがですか？」
工場長「こんな決め方なら容易ですよ。佐藤は加藤と同じ。田中は加藤の少し下です」
社長「そうかなあ？　田中は加藤の上では？」

工場長「いいえ、社長よりも私の方が多く接していますので、私の方がよく知っています」
北見「10人のバランスが取れたようですね。では、次は営業部長お願いします」
営業部長「うちは5人です。営業と製造では比較しにくいですが、加藤を基準にするなら、近藤が同じ『5』だと思います」
北見「次は総務部長お願いします」
総務部長「佐々木は4点です」
社長「総務部長はいつも辛いからな。佐々木は加藤と同じ『5』にしてはどうか？」
総務部長「こうですか？」

評価の観点「勤務姿勢」

	製造部		営業部	総務部
10				
9				
8	伊藤			
7				
6				
5	加藤	佐藤	近藤	佐々木
4	田中			
3				
2				
1				

北見「はい、できあがりです。これが『勤務姿勢』という観点からみた順位です」

社長「5分も要りませんでしたね」

北見「次は『職務能力』という観点です」

製造部長「『職務能力』といわれても、ピンときません」

北見「『テキパキ』と働いている人のことです。いわゆる『仕事のできる人』です。製造部から〝並の人〟を出してください」

工場長「入社5年目の佐々木なら、いかがでしょうか？」

社長「うん、では佐々木を『5』としよう」（198ページ参照）

工場長「佐々木が『5』ならば、市川はその上で佐藤は下です」

営業部長「次はうちですよね？　営業の能力という観点からすれば、近藤が5点、安藤が8点です」

総務部長「うちは、佐野が6点です」

社長「総務部長は辛いなあ。もう少し上に上げた方がいいよ」

総務部長「では、佐野を8点にします」

北見「できましたか？」

社長「はい、この順位なら当社のいまの実態に合っている」

北見「次は『仕事の成果』という観点です。これを論じるには各種のデータが要りますので、揃えてください」

総務部長「何を？」

北見「貴社は製造業ですから、製造業としてのテーマがあるはずです。例えばこんな目標を掲げていませんか？」

Q 顧客納入不良を減らしたか？

Q 仕掛損失廃却金額を減らしたか？

Q 生産性（出来高÷総時間）を上げたか？

Q 顧客納期遅延件数を減らしたか？

Q 在庫日数を適正化したか？

評価の観点「職務能力」

	製造部	営業部	総務部
10			
9			
8		安藤	佐野
7			
6	市川		
5	佐々木	近藤	
4	佐藤		
3			
2			
1			

社長「もちろんやっています。あそこに貼ってあるグラフがそれです」（壁のグラフを指さす）

北見「前期よりも改善されたような感じですね」

社長「得意先から表彰されることが決まりました」

北見「それは素晴らしい。その成果を出すのに貢献した人は誰ですか？」

工場長「チームワークでやっているので個人単位では評価しにくい」

北見「そのチームでリーダーシップを発揮してバリバリやってくれた人ですよ」

社長「そうなると市川の貢献は目立った。あの改善提案はいいアイデアだった。職場のムードメーカーとしてよくやってくれた。私なら市川に『８』を付ける」（２０１ページ参照）

工場長「そうですか、社長がいうなら」

社長「佐々木はどうか？」

工場長「社長は佐々木を評価するようですが、私はあまり評価していません。佐々木は挨拶ができない」

社長「おいおい、挨拶というのは『勤務姿勢』の観点で評価したはず。いまは『仕事の成果』という観点だ。佐々木は生産性向上に協力していた」

工場長「では、佐々木は5点にします」

北見「では、次に営業部お願いします。営業の場合は、評価の根拠となるデータを数値化したいものです。例えば「営業職　部下」用ならば、次のようなデータが欲しい」

- Q 粗利益の額（前年比で。予算比で）は？
- Q 在庫の額（回転率）は？
- Q 重点商品の販売は？
- Q 面談回数（キーマンとの関係重視）は？
- Q 使った経費は？

北見「そうなると、営業部はどんな順位ですか？」

営業部長「安藤は既存顧客とのパイプを拡大して、大きな成果を出しました。9点を付けてもいい。近藤は無駄な残業代が多いし、経費も使っているので注意したばかりなので3点でいい」

北見「では、総務部長お願いします」

総務部長「総務ですから、成果といわれても難しいが、佐野はゴミの処分費を削減しました。バカにならない金額です。だから佐野を7点にしたい」

北見「どうやらまとまったようですね。私は、評価項目は次の5つですと申し上げました」

ア　ニコニコと、気持ち良く働いてくれた人（勤務姿勢）
イ　テキパキと、仕事のできる人（職務能力）
ウ　バリバリと、稼いでくれた人（仕事の成果）
エ　コツコツと、辞めずに勤めてくれた人（勤務年数）
オ　モクモクと、休まずに勤めてくれた人（出勤率）

評価の観点「仕事の成果」

	製造部	営業部	総務部
10			
9		安藤	
8	市川		
7			佐野
6			
5	佐々木		
4			
3		近藤	
2			
1			

北見「この中で、出勤率（オ）および勤務年数（エ）はデータがあるので確認するだけでいい。協議するのは勤務姿勢、職務能力、仕事の成果という3項目であります。各10点満点ということは、合計30点です。この30点満点中で何点を取ったかが、その人の得点です」

社長「何点だったらA評価ですか？」

北見「２６２の法則があります。上位20％がA、中位60％がB、下位20％がCです」

総務部長「でも、こんな決め方では我々の勘で決めたようなものではないですか？」

北見「勘は一番的確です。中小企業においては、社長や経営幹部は社員と一緒に働いているので、その勤務ぶりを間近に見ていて、そこから出る評価なのだから、それは的を射ているはずです。査定は、このような勘に基づく〝談合〟形式でいいと考えています」

総務部長「これまでは何点取ったらA、B、Cという感じでやっていました」

北見「私は〝総合的判断〟という言葉を使います。点数のみでは表せないこともあります」

社長「このバランスなら、我々の感覚とも合っています」

査定表は見本を見せるだけで充分

社長「ところで、査定の基準は社員にどう説明するのですか？　まさか勘で決めたとはいえないし」

北見「査定表の見本（１９３ページ）があります。北見式の査定表はＡ４１枚ですが、これで充分です。このような査定表を製造職、営業職、事務職など職種別に作成していますが、これは『製造職　部下』用です」

総務部長「記入の仕方は？」

北見「記入はしません。社員に見せるだけです」

総務部長「見せる？」

北見「はい、配るだけで充分です。会社が期待する社員像を示すところが目的だからです」

社長「へえ、それは驚いた。これまでは①自己申告させる、②課長が評価する、③部長が評価する、④査定会議で協議して決める、⑤本人に説明して納得を得るという作業をしていました。これが大変な作業でした」

総務部長「目標管理はどうされるのですか？」

北見「目標管理は、係長以上のみが行うようにお勧めしています」

総務部長「それはありがたい。前の経営コンサルタントは、全社員に目標を出させたが、その目標を作るのが大変で、みんなから総スカンだった」

▼本人への説明は「期待値評価」で行う

総務部長「しかし、この方法では社員にどう説明するのですか？　まさか『ほかの人と比べて劣っている』とはいえないし」

北見「人と比較されるのは誰でも嫌です。ですから相対評価で決めたことは社内ではタブーです。社員に対しては『期待値評価』で評価していると話してください」

社長「期待値評価？」

北見「期待値に比べてどうかです。例えば『入社5年目なら、これだけできて欲しい』とか『係長なら責任持ってやり遂げて欲しい』とか『ベテランなら若手に見本を示して欲しい』とかです」

▼本人へは口頭による説明で充分

総務部長「社員への説明は？」

北見「1人ずつ呼んで行ってください。中小企業なら、社長自らです」

社長「どう説明するのですか？」

北見「例えば、こんな順番で話すようにしてください。『①良いところを褒める、②感謝の言葉を伝える、③足らないところを指摘する、④昇給賞与を説明する、⑤相手の要望を聞く』。

例えばこんな感じです」

①○さんは20年も勤務していただいてありがとうございます。昨年は病欠も少なかった。残業が要る時にもご協力いただいた。

②日頃の仕事ぶりに感謝しています。

③一つお願いしたいのは後輩の指導です。先日入社した新人に仕事を教えて欲しい。ご自分の後継者として仕込んで欲しい。

④それで○さんの賞与の件ですが、○円となりました。前年よりもやや下がってい

ますが、全体が下がっているのでご理解いただきたい。
⑤何かご質問や要望がありますか？

総務部長「なぜ口頭なのですか？　前の経営コンサルタントは書面でしたよ。本人が自己申告で書いてきた考課表に、上司が赤ペンでさらに○を付けて本人に返してきました」

北見「本人に渡しやすかったですか？」

総務部長「いいえ、中には自分に付けられた点数を見て怒り出す人もいました。退職した人まで出ました」

北見「一般社員はあまり刺激しない方がいい。だから口頭で充分です」

▼若手に配慮

社長「入社間もない若手に対してはどうでしょう？」

北見「22歳未満は評価せず、という考えでやっています」

社長「その方がいい。いまの若い人はガラス細工みたいなものですから」

第8部

評価の結果を昇給に反映する仕方

A社は、愛知県の製造業です。社員数は50人。業績は凸凹もありましたが、最近は順調。その社長の相談に筆者が乗らせていただきます。

社長「愛知県の昇給は、いくらぐらいが相場ですか?」

北見「まず昇給の相場から申し上げます。『第1部　昇給額　中小企業の実態はこんなもの』（51ページ）で、基本給および所定内給与の昇給額（全年齢）を載せました。

昇給額は、年代によって大きな差がありますので、さらに詳しく解説します。

主なグラフを載せましょう」

▶男性（一般・10～20代）の昇給例

昇給額 基本給

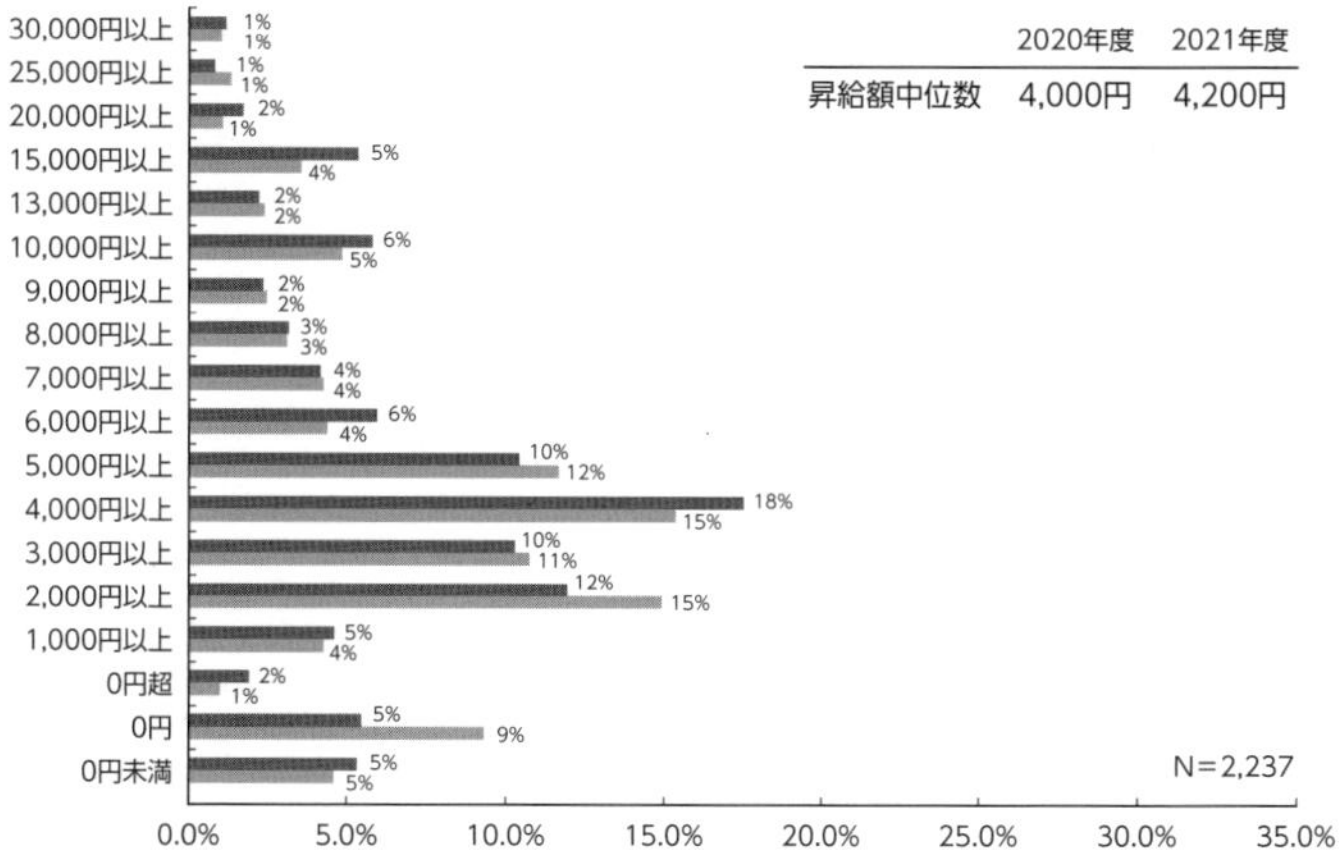

	2020年度	2021年度
昇給額中位数	4,000円	4,200円

昇給額 所定内

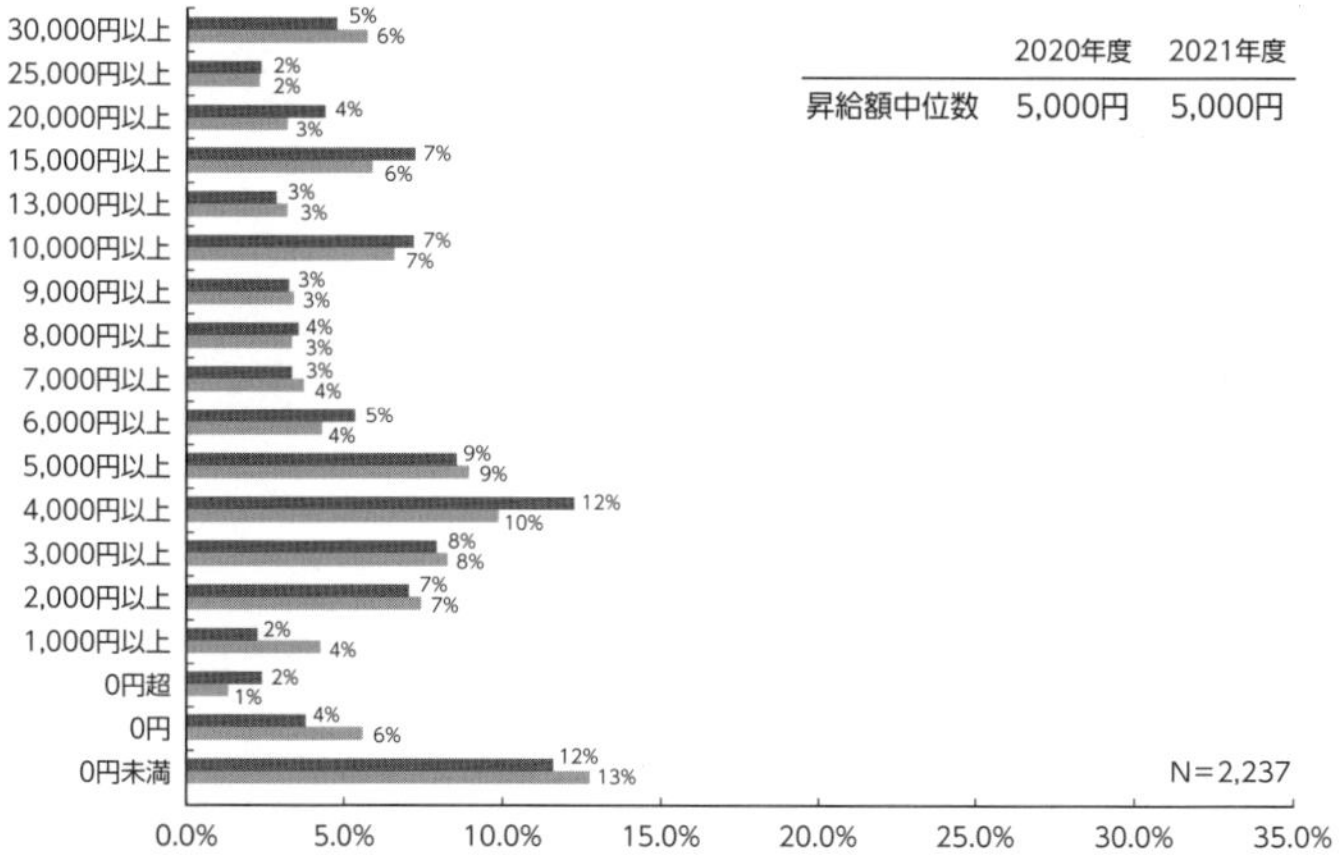

	2020年度	2021年度
昇給額中位数	5,000円	5,000円

▶男性（一般・50代）の昇給例

昇給額 基本給

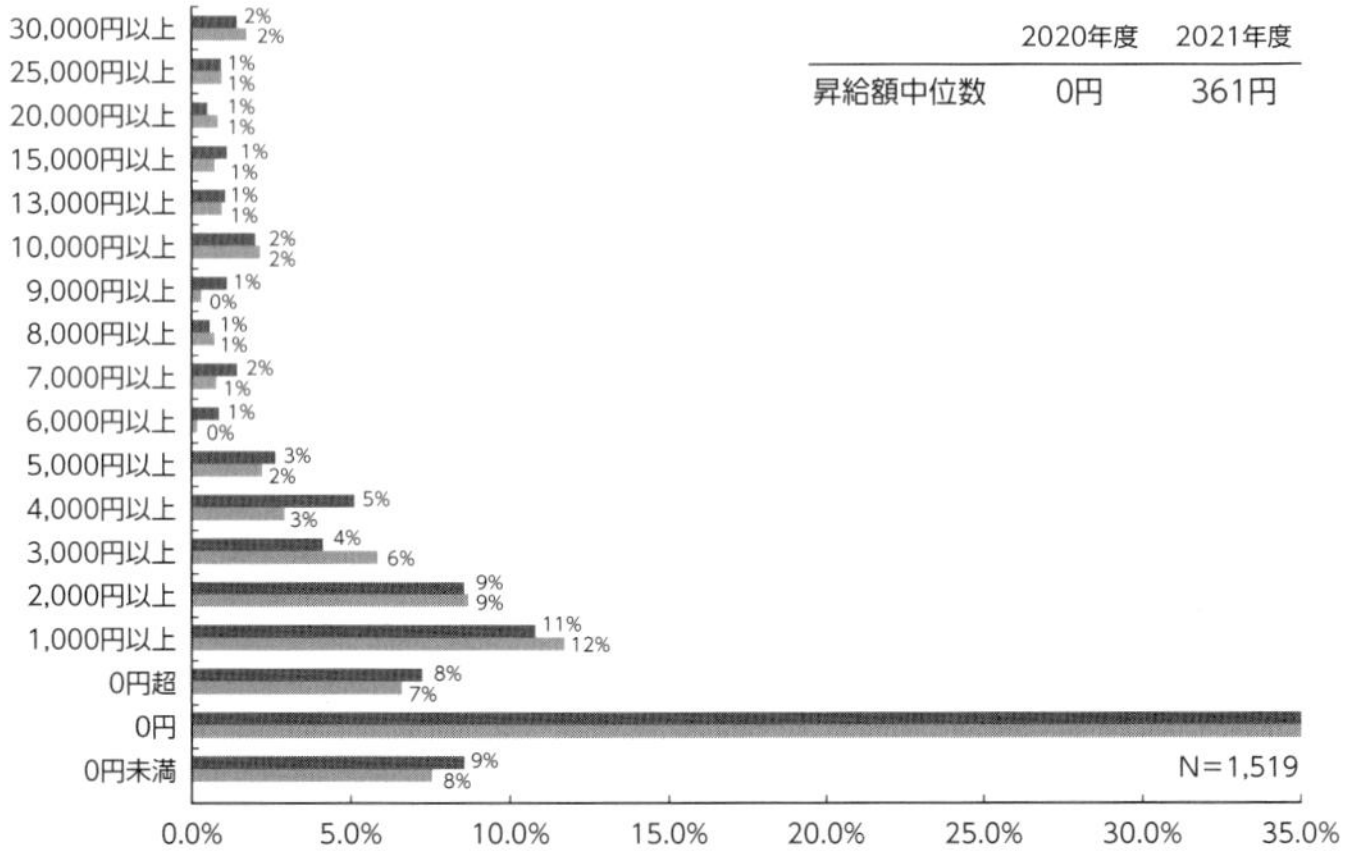

昇給額 所定内

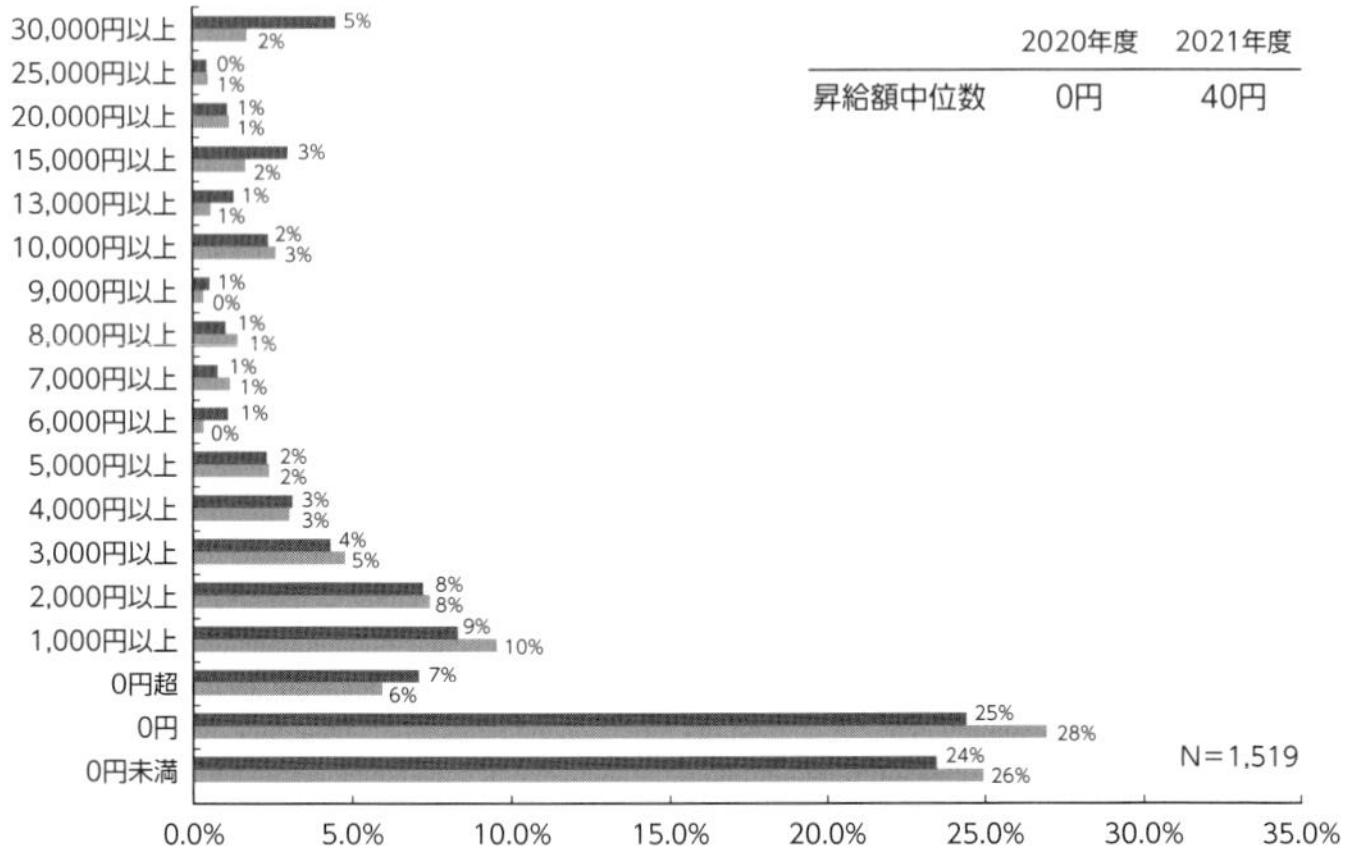

20代の男性は基本給で４２００円上がり、所定内で５０００円上がるのが相場のようです。

北見「中小企業の昇給額は若い頃はぐんぐん上がりますが、年齢とともに横ばいになる傾向があります。50代になりますと、基本給で３６１円という数字になり、中にはわずかですがマイナスの人もいます。所定内給与の昇給は40円という数字になり、０円やマイナスという人が多数派になっています。これは子供が扶養から外れたせいで、家族手当や住宅手当等が出なくなったためだと推察します」

▶女性（一般・10～20代）の昇給例

昇給額 基本給

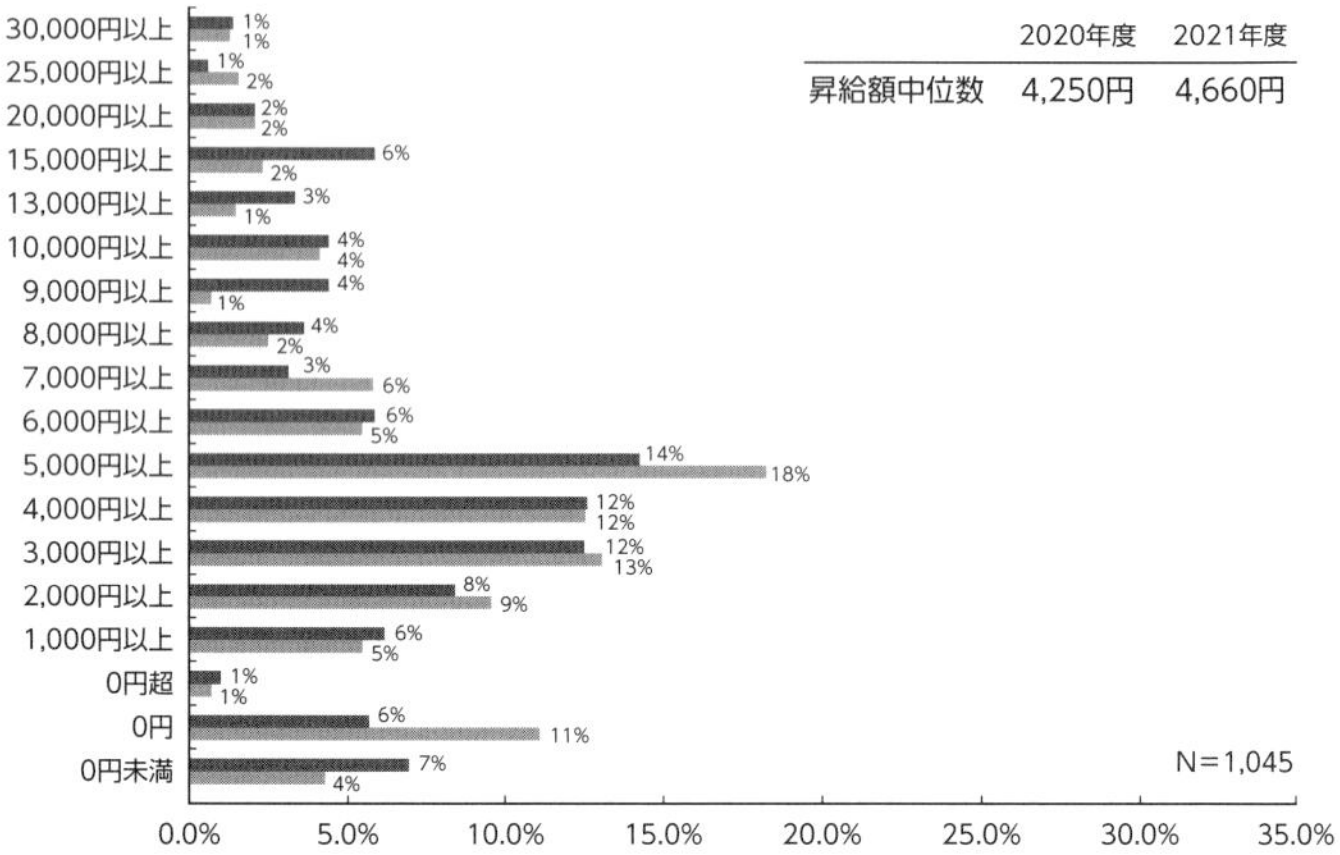

昇給額 所定内

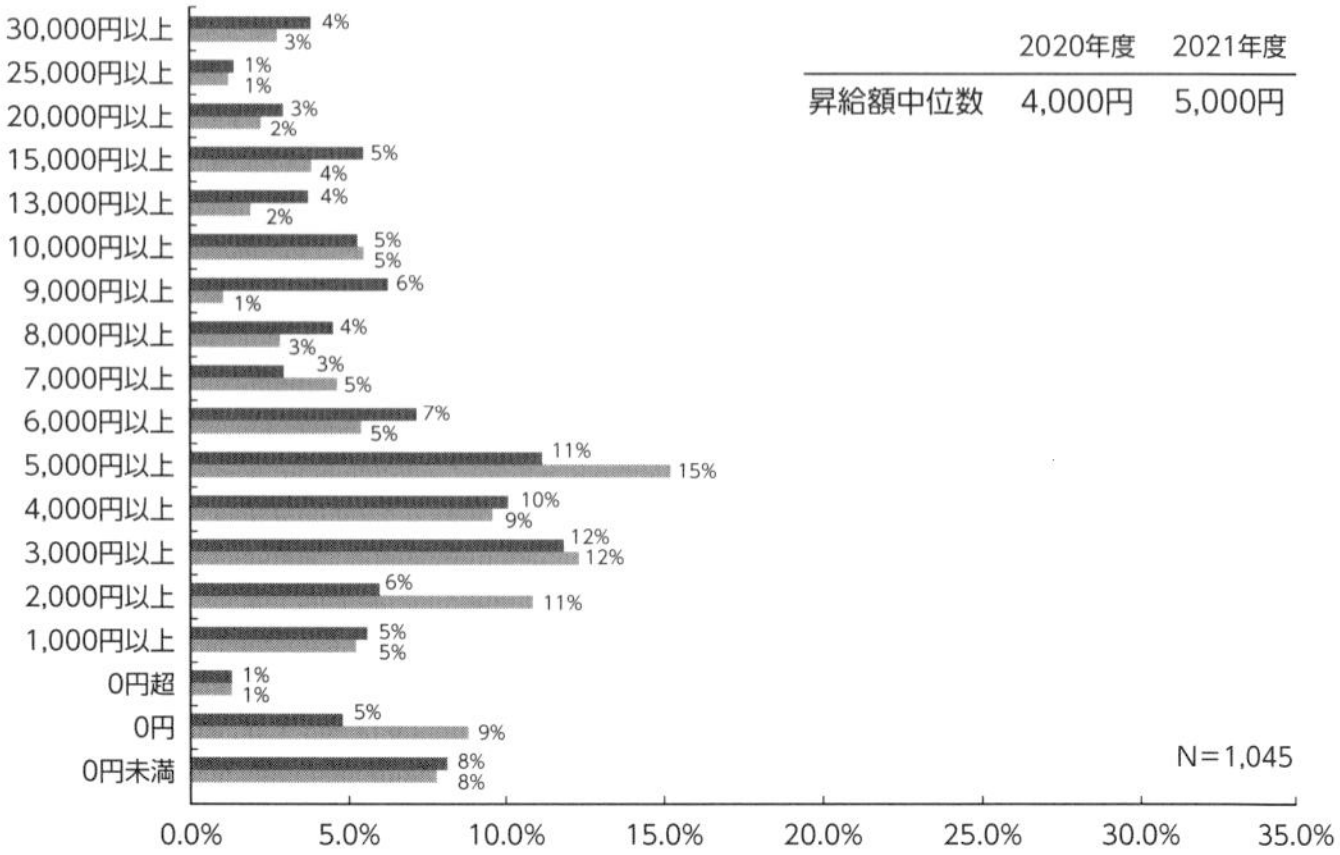

▶女性（一般・50代）の昇給例

昇給額 基本給

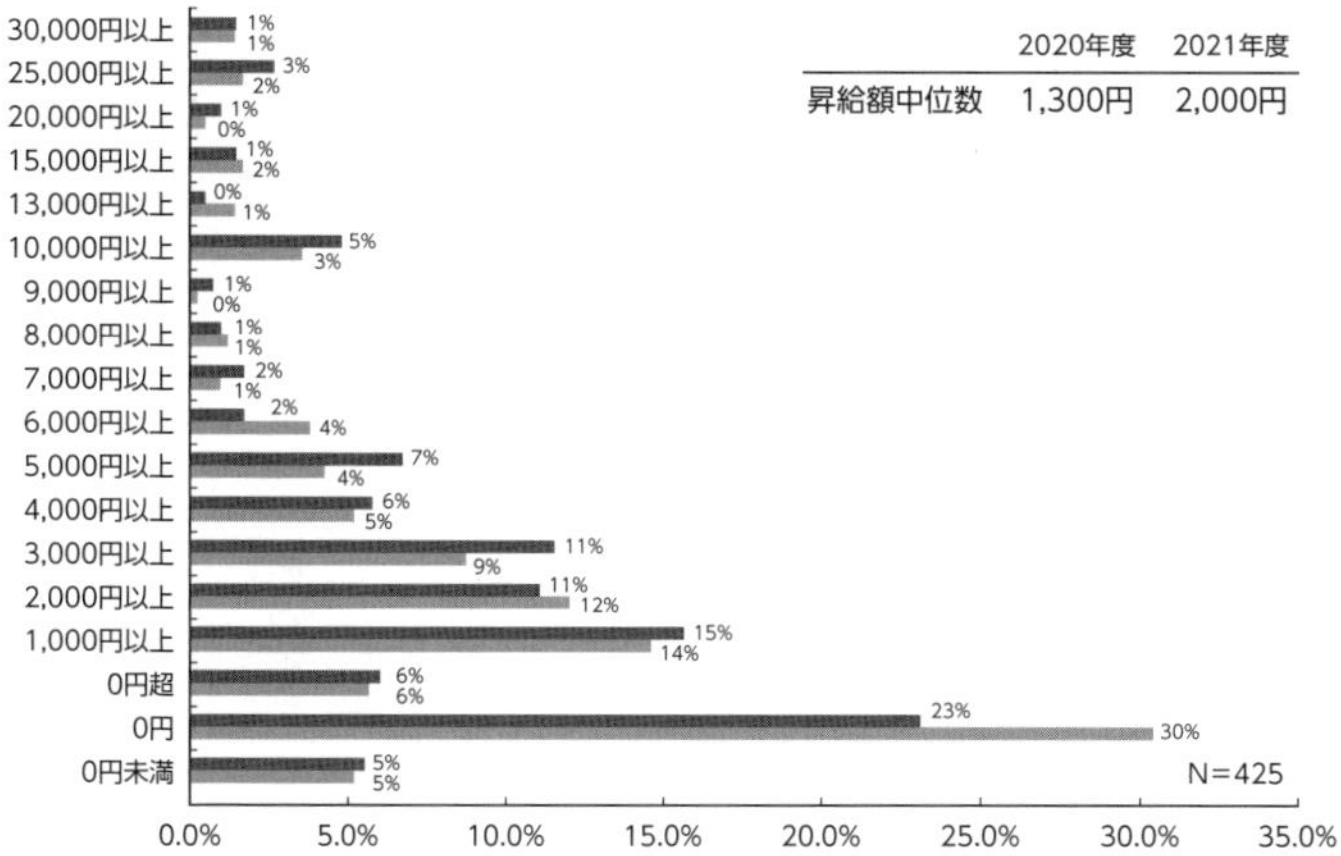

昇給額 所定内

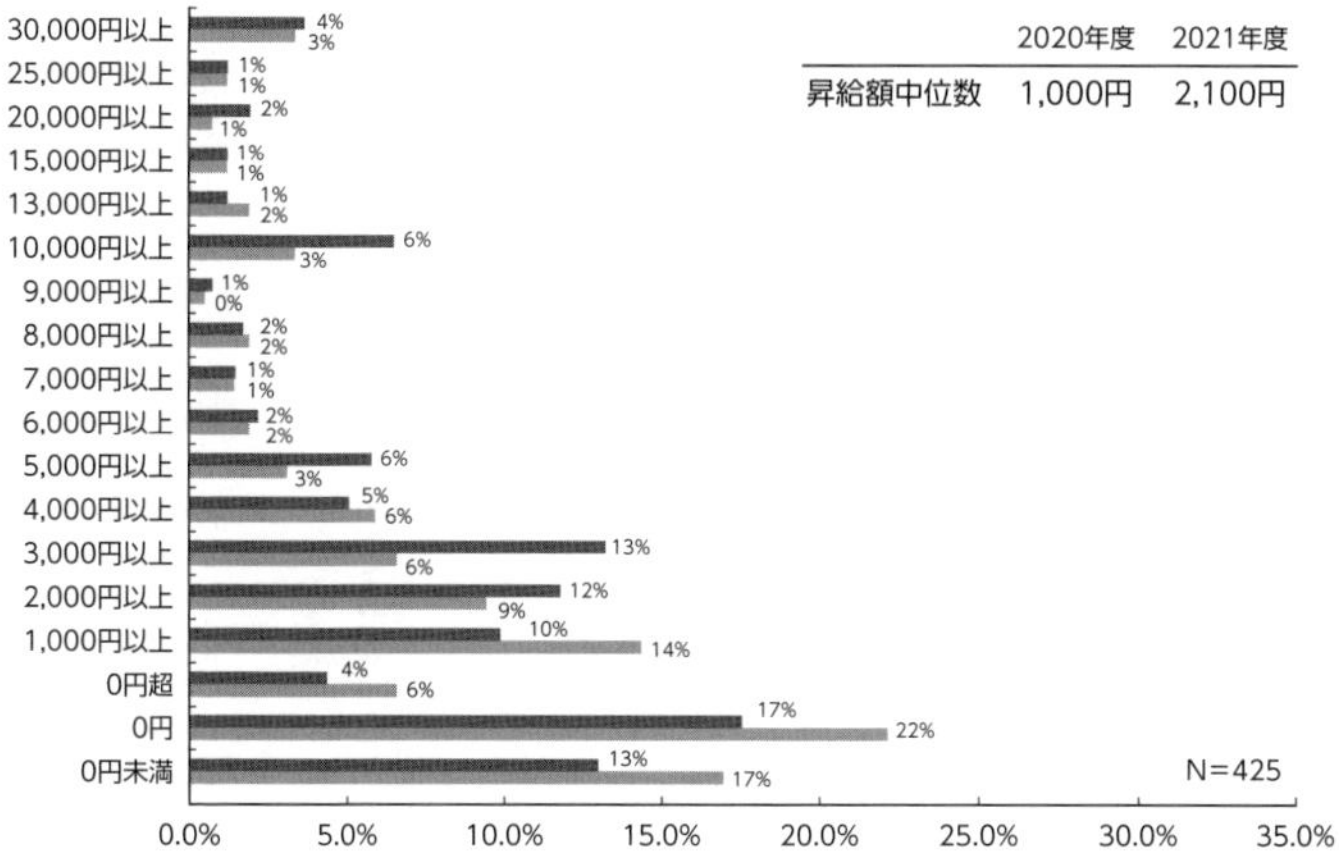

北見「20代の女性は基本給で４６６０円上がり、所定内給与で５０００円上がっていました。

50代の女性は基本給で２０００円、所定内給与で２１００円上がっていました。男性に比べて、逆に昇給額の落ち込みが小さいようです。

筆者は、この要因として扶養家族がいる人がいないので、家族手当をもともともらっていなかったためだと思います」

社長「随分年齢によって差があるのですね。これは一般的なのですか？」

北見「いいえ、労組があるところが多い大手では、昇給額が年とともに下がるなんてありません」

社長「中小企業は、若手の確保が最優先ですからね」

北見「中小企業の実態に合わせる形で、北見式賃金表はできています。北見式賃金表では、基本給は年齢給＋勤続給＋査定給という3つで構成します。査定の結果は、その査定給のところで反映する仕組みです」

社長「どのくらいの昇給ですか？」

北見「賃金表は総合職用や一般職用などに分かれています。年齢給＋勤続給＋査定給という３つを合わせた基本給の昇給は、主な年齢ごとにいいますと次の通りです」

	30歳	40歳	50歳
総合職	５０００円	３０００円	２０００円
一般職	４０００円	２０００円	１０００円

社長「人事評価のＡＢＣの結果で、どのぐらいの差がありますか？」

北見「前掲の金額『総合職　５０００円　３０００円　２０００円』は、ＡＢＣのＢ、つまり通知表の『３』の人の額です。Ａの場合は次の通りです」

	30歳	40歳	50歳
総合職	７０００円	５０００円	４０００円
一般職	６０００円	４０００円	３０００円

北見「逆に『Ｃ』の場合は次の通りです」

	30歳	40歳	50歳
総合職	３０００円	１０００円	０円
一般職	２０００円	０円	０円

社長「マイナスはないのですか？」

北見「ありません。北見式賃金では基本給を引き下げることを提案していません」

社長「定年間近だと下がる会社もあるのでは……」

北見「北見式賃金表は、55歳から昇給停止です」

社長「昇給停止することで勤務モラルが下がりませんか？」

北見「60歳になっても給与を引き下げにくい時代になります。それを考えると、停止がいいと考えています。仮に55歳以降も毎年３０００円ずつ上がったら５年間で１万５０００円です。先にいってから給与が落ちるぐらいなら、最初から上げない方がいいという判断です」

社長「私は、もっと大きな差が出るような給与制度を想像していました」

北見「私が目指しているのは〝ほどほどの能力主義〟です。日本の中小企業は、社員間で極端な差を付けるのは良くないと思っています」

社長「能力主義がいけないというのですか？」

北見「業種にもよります。ＩＴ企業ならば、職種によって年収がまったく違うのは理解できます。証券会社も同じくです。それらの業種は個人プレーだからです。しかし、貴社のようなメーカーはチームワークではないですか？」

社長「工場ですから、チームワークは何より大事です」

北見「製造業は職場が和気あいあいとしている方が業績が上がります。職場がギクシャクするとロクなことがありません。昇給によって、職場に波風を立たせるのは避けた方がいいと思います」

社長「ギクシャクするのは嫌です」

北見「そもそも能力の差ほど、給与に差を付けることはできないと思います。世の中には、能力の低い人もいますし、その人にも生活できるだけの給与を払う必要があります」

社長「でも、外国では大きな差がありますよね」

北見「日本には『仕事の報酬は仕事だ』という考え方もあります。基本給は穏やかな年功でありながら、役職手当で大きな差を付けたいと考えています」

社長「あくまでも日本的な経営を目指すのですか？」

北見「はい、私は日本的経営を今後も目指したいと念じています。私淑した京セラの故稲盛和夫氏の言葉で印象に残っているものがあります。

『実力とは何か？　それは己の能力を他の人のために発揮し、他の人から尊敬されている人のことだ』

というものです。それが日本的リーダーの理想像であると思います。だから能力のある人は、群れを守るために励めばいい。一部の人が独り占めする外国のような給与制度は日本には馴染まないのです」

第9部

「男女の給与格差」実態と対応策

政府が求める基準

政府は、男女間の給与格差の開示を企業に義務付けました。この「男女の給与格差」問題は、一定規模以上の企業で義務化されましたが、規模を問わず今後対応を迫られる課題です。

政府が求める「男女の賃金の差異」の情報公表のイメージは、おおむね次の通りです。

> 男女の給与の差異（男性の給与に対する女性の給与の割合）
> 全労働者　○％
> 正社員　○％
> パート・有期社員　○％

もしも、男女の給与格差が大きかった場合、単純にそれを公表すると、企業イメージがダウンしかねません。女性の求職者から、

「この会社、男女差別が激しそう」

と思われたら、応募者も減ります。既存の女性社員からは、

「やっぱり男女差別がひどかったんだ。会社に文句をいわなきゃ」

という反発も予想されます。仮に次のような実態があったとします。

男女の給与の差異（男性の給与に対する女性の給与の割合）
全労働者　50％
正社員　70％
パート・有期社員　40％

このデータのみを見せられたら、ひどい会社、遅れた会社だというイメージになりかねません。そんな場合は次のように付け加えてはいかがでしょうか？


「男女差別なし宣言」

当社には、男女差別は存在しません。

女性（正社員）の年収は、男性の70・0％です。

社員の処遇は総合職コース、一般職コース、専門職コース等に分かれています。総合職は外勤営業職として、顧客を担当して予算数字を背負っています。一般職は主に内勤事務職で、予算数字を負いません。

給与制度は、基本給、役職手当、資格手当、家族手当、時間外手当等で構成されています。基本給は総合職、一般職、専門職というコースごとに異なっていますが、これはあくまでも職種の違いです。例えば総合職の場合、そこに男女差はありません。

男女間で年収格差が生じている要因の一つは、家族手当の存在です。当社の家族手当は子供１人あたり月額１万円で、それをもらう人が男性に多いのは事実ですが、女性ももらっている人がいます。

男女間での年収格差が生じている要因の一つは、役職者の構成です。役職者に男性が多いのは事実ですが、女性ももちろんいますし、今後も性別にとらわれずに登用する方針です。

また「パート・有期社員は40％」と開示していますが、これはパートタイマーに女性が多いためです。当社ではパートタイマーを事務、出荷等の職場で雇用しています。パートタイマーを正社員として登用する規程があり、これまで何人も実績があります。

当社は県労働局から女性活躍企業として認定を受けています。今後も女性が働きやすい職場作りを目指して参ります。

当社は女性を積極的に採用しておりますので、ぜひ応募ください。

▼男女間の給与格差の実態は

ところで、男女間で給与格差は実際のところ、どのくらいあるのでしょうか？

いま話題のこの質問に答えるため、筆者は独自調査してみました。使用したのは「ズバリ！　実在賃金」の２０２１年度　愛知県版のデータです。サンプル数は２００社、１万６７３６人です。それによりますと、男女別の年収は次のようになりました。

年収	
男性	４６４万円
女性	３４８万円

このように女性の年収は、男性の75％でした。

この数字だけ見ると、ひどい差別をしている感じがします。そこで、なぜ差が生じているのか要因分析を行いました。

男性　４６４万円（うち家族手当７万円、住宅手当４万円、時間外手当58万円）

女性　３４８万円（うち家族手当６万円、住宅手当２万円、時間外手当24万円）

つまり家族・住宅・時間外という３つの手当が大きな影響を与えています。

筆者は、いろいろな要因を考えますと、男女間の給与格差をもたらしているのは主に次の理由だと考えています。

男女間の年収格差を生み出している要因

要因①　初任給に差がある。総合職として入社する女性が少ない（初任給は、総合職と一般職との間で差がある。卸売業では、予算数字を抱える営業職が総合職なら、内勤事務職は一般職にするケースが多いものですが、両者の間には給与格差があるのが一般的。ただし総合職の中での男女格差は見当たらないので、一概に男女差別だとはいえない）

要因②　家族手当・住宅手当が男性に支払われるケースが多い（女性でも該当者はもらっているので男女差別だとはいえない）

要因③　時間外手当は男性の方が多い（単に残業時間の問題であって、男女差別

ではない）

要因④　勤務年数は男性の方が長い（女性の育児休業取得が一般的になっているので、勤務年数の男女間格差は縮小しつつある）

要因⑤　管理職は、女性が少ない（これを男女差別というかどうかは議論が分かれる）

このように合理的な理由が存在しますので、ひどい男女差別は実際にはあまり存在しない気がします。しかしながら、年収格差という結果だけが求められる世の中ですので、会社は格差の縮小を目指した取り組みが求められそうです。

第10部

“良くない給与制度”とは

世の中を見ていますと、給与制度というのは百社あれば百通りで、そこに正解はないかのように見えます。しかしながら、筆者は、コレは良い、コレは良くないと断言する自信があります。給与とは何か？　賞与とは何か？　もっといえば中小企業の役割（使命）とは何かがわかっているからです。

給与制度と一言でいいましても、そこには給与や賞与、退職金があります。給与の中には基本給と諸手当があります。筆者は次のように考えています。

給与とは、暮らしの糧です。だから求められるのは安定です。

賞与とは、利益の還元です。だから求められるのは業績連動です。

給与と賞与とを組み合わせることで、景気変動に対応しながら雇用を守る仕組みは、いってみれば日本人の智恵です。アメリカでは景気が上がれば人を雇い、景気が下がれば人を解雇しますが、そんなことは日本の風土に馴染みません。日本において会社の役割とは、第一に雇用を守ることだからです。

話は変わりますが、

「あなたが尊敬するリーダーはどなたですか？」

と尋ねられたら、読者諸兄姉は誰の名前を口にされますか？　筆者なら、

「上杉鷹山」

と答えます。鷹山公は破産しそうな藩を建て直した名君です。自らは質素倹約に努めながら、殖産興業を図りました。頑張れば報われるという仕組みを作ることで、領民が仕事に励むように仕向けたのです。その結果、パイが大きくなり多くの領民や家臣の暮らしを守りました。

これこそが日本的リーダーの見本です。

つまり、暮らしを守るということが究極の使命です。中小企業の経営者は、このようなリーダーを目指して欲しいものです。

どんな給与制度が良いのか？　を知るために、逆に悪い給与制度とは何かを例に挙げながら批判します。

PART 1

日本的な労務管理を壊す「ジョブ型」雇用（政府推奨ですが……）

「ジョブ型雇用」という言葉がにわかにクローズアップされるようになりました。

岸田首相は令和４年10月の国会における所信表明演説で、次のように述べました。

> 「なぜ、日本では、長年にわたり、大きな賃上げが実現しないのか。そこには、賃上げが、高いスキルの人材を惹《ひ》きつけ、企業の生産性を向上させ、更なる賃上げを生むという好循環が、機能していないという、構造的な問題があります。一たび、このサイクルが動き出せば、人への投資が更に進み、この好循環は加速していきます」
>
> 「賃上げと、労働移動の円滑化、人への投資という３つの課題の一体的改革を進めます」

「リスキリング、すなわち、成長分野に移動するための学び直しへの支援策の整備や、年功制の職能給から、日本に合った職務給への移行など、企業間、産業間での労働移動円滑化に向けた指針を、来年6月までに取りまとめます」

また、ニューヨーク証券取引所においても岸田首相は次のようにスピーチしている。

まずは労働市場の改革。日本の経済界とも協力し、メンバーシップに基づく年功的な職能給の仕組みを、個々の企業の実情に応じて、ジョブ型の職務給中心の日本に合ったシステムに見直す。

ところで「ジョブ型雇用」とは何でしょうか？

『ジョブ型雇用』とは、企業が人材を採用する際に職務、勤務地、時間等の条件を明確に決めて雇用契約を結び、雇用された側はその契約の範囲内のみで働くという雇用システムのことです。

要するに昔からある「職務給」のことです。「大工さん」の給与を想像すれば、わかりやすい。大工の給与は日当であり、腕のランクに応じて決まります。給与が上がるのは、給与相場が上昇した時（ベースアップ）および、腕が上がった時（腕のランクアップ）です。1年経ったから給与が上がる定期昇給という仕組みではありません。

「職能給」（能力に対して給与を払う制度。同一能力同一給与）がいいのか？　あるいは「職務給」（仕事に対して給与を払う制度。同一仕事同一給与）がいいのか？　その議論は昔からあり、議論が重ねられました。その結果、現在の職能給に落ち着いているというのが過去の経緯です。

職務給は確かにグローバルスタンダードかもしれません。しかし、だからといって日本人に合っているかどうかは別です。

筆者は、職務給に移行するべきだという意見に反論があります。

▼反論①　決められたことしかしなくなる

「良い会社には一つの特徴がある。誰の役割なのか決まっていない仕事であっても、それを率先してやってくれる土壌がある」

という話を聴いたことがあります。確かに社内には、一例を挙げれば草むしり等誰の仕事でもないものもあるでしょう。やれともいわれていないのに、率先してやってくれる会社は良い社風を維持しています。

職務給は「ジョブディスクリプション（職務記述書）」というのが決まっているので、それに載っていない仕事はしなくなるのも弊害です。極論を述べれば、目の前のゴミ一つ取らなくなるのです。

▼反論②　ジョブディスクリプションを作るのは容易ではない

ジョブ型雇用は、雇い入れ時にジョブディスクリプションを書面で交付するのが必要ですが、それを作るのが難しい。現場作業ならば書面化しやすいかもしれませんが、事務職になると抽象的な表現になりがちです。この点は欧米でも同様の問題があるようで、例えば「その他使用者の命じる事項」「企業は契約書に記載した以外の課題を労働者に指示できる」といった包括的条項が記載されるようです。このように実際の運用となると難しい。

▼反論③　勤務年数が短くなってキャリア形成できない

世界的にみれば職務給が主流です。職務給の世界は、昇給が基本的にないので収入を増やしたければ転職するほかありません。筆者は中国に視察に行って、その就業規則を日本語で読む機会がありました。その就業規則には「昇給」や「賃上げ」という文字がないのです。

中国人の弁護士にそこを尋ねると、

「中国には昇給という習慣がない。給与は契約で決まっている」

とのことでした。

中国における従業員の勤務年数は短く、2年もすれば古参に入るといわれて驚きましたが、その昇給事情を知ってナルホドと合点がいきました。

コロナ以前のことでしたが、中国の経営者の間で日本企業の視察がブームになっていたのをご存じですか？　視察先として人気があったのは筆者の顧客です。そこは終身雇用制・年功序列型給与を標榜していたのですが、それが中国の経営者から見て新鮮だったのです。

「日本企業の強さは、長期雇用を前提にした人作りだ」

と感心して帰っていくのです。

▼反論④　仕事を教えなくなる

中国に出向している日本人総経理から、こんな悩みも打ち明けられました。

「中国では、仕事を人に教えない。教えたら損するから」というのです。それも職務給という給与の制度の弊害です。

日本人はチームワークを取り柄にしていましたが、職務給ではそれが弱まるのです。

日本人が得意なのはモノ造りです。コツコツと巧みの技を極めるのが日本的です。日本では先輩が後輩に教えるのは当たり前ですが、外国ではありえません。チームワークで働く日本人には、職務給は向きません。

▼反論⑤ 配転ができなくなる

日本の会社は、正社員を新規に雇い入れる際に、職種や勤務地を限定しないことが多いもの。就業規則において「配置転換を拒否できない。拒否すれば懲戒解雇する」と明記してあるのが一般的です。

しかしながら、ジョブ型雇用では職務も、勤務地も限定するため、会社側に配転の権利がなくなってしまう。

筆者の想像では、急激な経済環境の悪化に対応しにくくなる。仕事量が急減した場合でも、ほかの仕事に転じてもらえないので、雇用を維持できなくなる。

名経営者の評伝には、不況をこうして乗り切ったという美談がよく載っていますが、かの松下幸之助にもこんなエピソードがパナソニックグループの「松下幸之助の生涯」に紹介されています。（左記は要約）

深刻な不況を独自の打開策で克服

松下電気器具製作所は昭和4年、新本店、工場を完成した。

ところが政府の緊縮政策による景気後退に加えて、10月24日の「暗黒の木曜日」、ニューヨーク株式市場の大暴落を契機に世界恐慌が勃発。日本経済は痛烈な打撃を受けた。

工場閉鎖や首切りが一般化し、街には失業者があふれた。松下も売り上げが止まり、倉庫は在庫でいっぱいになった。時に、所主は病気静養中である。そこに、幹部から「従業員を半減し、この窮状を打開しては」との進言があった。

所主はふと別の考えがひらめき、「生産は半減するが、従業員は解雇してはならない。給与も全額支給する。工場は半日勤務にし、店員は休日を返上し、ストックの販売に全力を傾注してほしい」と指示した。

所主の方針が告げられると、全員が歓声を上げた。おのずから一致団結の姿が生まれ、全店員が無休で販売に努力した結果、2カ月後にはストックは一掃され、逆にフル生産に入るほどの活況を呈するに至った。

まさに日本的経営の見本です。

しかしながら、ジョブ型雇用になると、こんな再建物語もできなくなります。「製造職」で採用された人に「営業職」を命じることはできないからです。

▼反論⑥　若者の失業率が高くなる

「若者の失業率は○％に達する」という記事を見ることがありますよね。それはどんな国でしょうか？　例えば、中国、韓国、アメリカなど世界各国です。

なぜ、そうなっていると思われますか？　その理由は「ジョブ型雇用」だからです。「ジョブ型雇用」では即戦力となる経験者が求められるので若者は逆に敬遠されるのです。

日本は、新卒で採用して長い年月をかけて育てるのが一般的です。筆者は、時間がかかってもその方が人材育成の面では良いと思っています。新卒採用というのは、日本型経営の良さです。

▼反論⑦　人員整理が増える

職務給は、日本の賞与が馴染みません。外資系企業の賞与は、職務に応じた年俸を14と15カ月で割った予定されたものです。

業績が悪い時、日本企業は賞与を減額して人員整理をなるべく避けます。それに対して職務給の外資系は、業績が悪くなると賞与というクッションがないためすぐに人員整理です。日本は、外国と違って裁判所が人員整理を容易に認めようとしません。行っても、解雇無効の判決になります。

政府のいうように職務給に移行すれば、会社が苦しい時にとんでもない窮地に陥ることでしょう。

▼反論⑧　長期雇用を前提にした日本型雇用は逆に進んだ仕組みである

いままでは死語かと思いますが「職工」という言葉をご存じですか？　戦前は、工場で働く人は、基本的に職工という名の職人でした。その給与は日当制、つまり職務給です。

昔々に「庖丁一本　晒《さらし》に巻いて　旅へ出るのも　板場の修業」（藤島桓夫「月の法善寺横町」）という歌があったようですが、その世界なのです。

戦前の日本は職工の定着率が悪く生産性が悪かったのも、その雇用形態が一因でした。

戦後は「職工」を「社員化」する動きが強まります。現場の人々も社員として、月給制になって安定化したのです。そのおかげで定着率が良くなり技術革新と相まって、日本の復興につながったのです。

また、新卒を定期採用する仕組みも、戦後に広まったものです。戦前は、学卒後に就職して大手に入る人をサラリーマンといいまして、彼らはエリートでした。非エリートは幼くして丁稚奉公して、その後は職人として独立したり、職工になったりするのが常でした。

筆者にいわせれば、職工の「職務給」から、社員の「職能給」に変わったのは、給与制度の進化です。

「日本人は一つの会社でコツコツ働く」というイメージがあるかもしれませんが、それは戦後にできあったのです。

「ジョブ型雇用」が今後日本に定着するとすれば、一部の専門職に限定されるというのが筆者の見方です。それが主流になることはありません。

筆者は顧客に次のようにいっています。

「ジョブ型雇用なんて流行には乗らず、やり過ごして様子を見ましょう。逆張りで、長期雇用を支持する若手を獲得できるチャンスです」

筆者が動画で詳しく解説しています。

ご視聴にはパスワードが不要。

QRコード

PART 2
「親方日の丸」の名古屋市役所の給与制度

筆者の地元、名古屋市の職員の給与制度を説明しましょう。

給料（地方自治体では基本給のことを「給料」と呼びます）は、ほぼ一直線で毎年上がり、定年直前にヒラの一般職員でも40万円を超えます。家族手当、住宅手当等手当が分厚いので所定内給与は、55万円以上になります。

賞与は、期末手当、勤勉手当と呼ばれています。勤務評定によって差が生じる仕組みですが、実際にはＡＢＣという査定結果を回しているのです。「今年はあなたがＡだったから、来年はＢ、再来年はＣになる」ということを本当にやっているのです。

自治体によっても多少事情が異なりますが、市役所はたいていこのような内容です。

名古屋市役所では、ヒラの一般職員でも50代になれば、当たり前のように年収が８００万円以上になります。

この市役所の給与制度の問題点から何を学ぶべきか？　筆者ならこうなります。

×基本給が高過ぎる（ヒラでも基本給が高くなる仕組みなので、昇進を目指さなくなる。現に名古屋市役所では昇進を拒否する動きが出ています）

×昇進すると基本給が上がるが、降職しても基本給は下がらず、小さな役職手当がなくなる（このため課長の中には、内心、降職を望む人さえいます）

×家族手当や住宅手当という属人給が大き過ぎる（努力とは無関係の手当が年収に占める比率が大きくなると、頑張っても頑張らなくても同じという風潮が強まります）

×生かされない勤務評定（人事考課制度をいかに整備したところで、実際にはＡＢＣを回すだけです）

このような役所そのものの給与制度のせいで市役所はどうなったのか？　前例のみにとらわれる〝働かない組織〟になったのです。

中小企業がこんな給与制度を真似したら三日で潰れることでしょう。まさに他山の石です。

PART 3

業績が下がれば給与も下がる「全天候型」給与制度

今度は、市役所とは逆の成果主義の給与制度です。中には業績連動型の給与制度を設けるところもあります。「全天候型給与制度」という名前を付けて実際に普及に努めている給与コンサルタントがいます。

筆者は、ある若手経営者からそのように尋ねられました。筆者は意味もわからなかったので、

「これからは全天候型給与制度の時代ですよね？　セミナーでそう教えられました」

「ハア？」

という返事しかできませんでした。いったい何をいっているのかわからなかったので調べてみました。それは、こんな内容です。

①会社の業績を基に、支払い可能な人件費を割り出す（つまり毎年大きく上下する）。
↓
②人事考課の点数を基に、社員の年収を割り出す（つまり前年の年収は無視する）。
↓
③年収の15分の1を給与、3を賞与とする（つまり給与の既得権を保護しない）。

このコンサルタントによれば、「過去の積み上げ型給与を脱却して、洗い替え給与に転換する」ことで「全体の総人件費を上げることなく、実力に応じた配分を実現することが可能になる」というわけです。

つまり「全天候型」とは、業績の上がり下がりをそのまま人件費に連動させるという意味だったのです。

筆者は、この同業者の本を読むなり首を傾げました。もしこの論理が通るとしたら、例えばこんなことになりかねません。

①A子さんは、初任給20万円で入社した。賞与は過去の実績で年間3カ月あったという説明を受けた（年収３００万円）。

↓

②会社の業績は上がった。A子さんの人事考課の点数も高かった。給与は25万円になった。年収は３７５万円になった。

↓

③会社の業績は下がった。A子さんの人事考課の点数も低かった。給与は19万円になった。年収は２８５万円になった。

いかがでしょうか？　このA子さんが会社に何をいってくるのか容易に想像できます。

「求人票に給与20万円と書いてあったので入社した。なぜ19万円になるのか！　採用条件に相違あり」

「こんなのジェットコースターじゃないの！　これでは安定した暮らしができません」

筆者にいわせれば、経営というものがわかっていない。だから、こんなくだらないコンサルをするのです。筆者はこう思います。

「売上は龍のように暴れ回るもの。経営とは、売上を安定させること。社長の仕事とは、売上を安定させ、社員の暮らしを安定させて守ること」

「給与は法律で守られている。業績を反映するのは賞与だ」

「就職するとは、食べさせてもらうこと。欲しいのは安定。先行き不安にかられると、人は辞めてしまう」

給与は暮らしの糧ですから安定させるのが基本です。賞与は業績を反映させるものですから、業績連動はそこでやればいいのです。

PART 4

査定によって減給もある「役割等級制度」

いくら何でもこれはひどいと思う給与制度があるので、ここで批判します。

それは「役割等級制度」という名称の給与制度です。名前自体はいいのですが、問題は中身です。人事評価の結果で低い評価結果になったら、基本給を下げるのです。

「従来の人事制度は、最低のDランク評価でも給与の増加はゼロとしているだけで、マイナスになることはありませんでした。頑張らなくても給与が減らされることがないということです」
「社員の仕事ぶりをフェアに評価していることを示すためには、給与に格差を付けることが必要。マイナス査定で浮いた給与原資をハイパフォーマーに回せば、成果に対する給与増減の不公平感は緩和される」

と堂々と主張しています。そのうえで「マイナス査定導入にあたって注意すべきこと」として

「Dランクでもその減額幅が基本給の10％を超えないこと」

などと挙げています。

筆者は、この記述を見てあぜんとしました。労働法規のイロハも知らないと断じるほかありません。10％の範囲内ならば、給与ダウンができるというのは、いったい何が根拠でしょうか？　労基法には賃金の全額払いの原則（労基法第24条第1項本文）があり、相手の承諾なくしての給与ダウンは、それに抵触する恐れ大です。既得権の侵害です。

給与を多少引き下げたとしても、コストダウンの効果は小さいはず。しかし、その賃下げによって、会社は法令違反という大きなリスクを負うのです。

経営コンサルタントは、暮らしの安定につながるような提案をするべきです。

PART 5
実は単なるドンブリでしかない「年俸制」

年俸制なるものは、最近は下火になりましたが、10年以上前は話題でした。次のような形で年俸制を採用した会社から相談がきました。

導入前（課長職）
基本給35万円＋役職手当６万円＋家族手当１万円＋時間外手当不支給＝42万円
賞与２２０万円
年収７００万円

導入後（課長職）
基本給58万３３３３円

しかしながら、この年俸制を採用してから、経営者の悩みは尽きませんでした。こんな感じのやりとりが筆者と交わされました。

社長「給与で困っているので相談に乗って欲しい。年俸制を良かれと思って導入したのは3年前。でも、実際の運用がうまくいかない」
北見「と、いいますと？」
社長「成果を上げげた人の年俸を引き上げました。でも、その一方では成果がパッとしない人に対して減俸できないのです。だって、辞められたら困るからです」
北見「それ、わかります。中小企業は、一人でも辞めたら困りますよね」
この社長の悩みは深くて、その後も度々いらして愚痴をこぼされました。中には、こんなこともありました。
社長「この課長はスカウトして採用したけれど、期待外れでした。降職して年俸を下げたい」
北見「おいくらに？」

社長「せいぜい500万円が限度です」
北見「その根拠は？」
社長「根拠といわれても……」
北見「給与を引き下げるには、相手の同意が要ります。同意なくして引き下げるには、合理的根拠が要ります。既得権の侵害として訴えられるかもしれません」
社長「でも、年俸制だよ。年俸制ならば、勤務成果に基づいてダイナミックに上下できるはず」
北見「そんなことができる法的根拠はありません」
この社長は後日またご来社されまして、こんなやりとりがありました。手にしていたのは弁護士からの内容証明郵便です。
社長「困ったことになった。辞めた人が残業代を請求してきた」
北見「どんな人ですか？」
社長「先日相談した人です。課長で年収700万円を払っていましたが、降職して500万円にしました。すると退職して、こんな請求書を送ってきました。課長だったので、残業代はないはずですよね？」
北見「労基法上の管理監督者に該当しなければ時間外手当の対象になります」

社長「でも年俸制だったので、時間外手当は不要ですよね？」
北見「いいえ、年俸制だからといって時間外手当の支払いを免れるわけではありません」
この社長は、しょげ返って帰っていきました。年俸制といえば聞こえはいいですが、要するに〝どんぶり勘定〟と同じこと。それに気付いて欲しいと筆者は思いました。

第11部

こんな人事制度は要らない

PART 1

将来の昇給を約束する定期昇給制度

「私が60歳になった時に年収はいくらになりますか?」

20歳の新入社員からそう尋ねられたら、どんな返事をされますか?

中小企業の経営者なら、

(ハア? 何いっているの、この人)

とか、

(そんなことをいえる会社があるのか?)

とか、

(そんな頃にうちの会社があるかなあ?)

とか、さまざまな反応が予想されます。

筆者が経営者だったら、正直、嫌な気持ちになります。

（40年後のことなんて誰が予想できるのか？　そもそも私が生きていない。先の先の昇給なんて約束できないし、仮に約束したとしても、実際には〝約束〟にもならない）

ところが世の中には、未来の昇給を約束するものが存在しています。その名は「賃金表」です。

職能給の賃金表は、一般的に年齢給・勤続給・職能給という3本立てです。年齢給と勤続給は自動的に上がります。職能給は評価結果によるわけですが、低い評価でも多少は上がります。この3つを足せば、60歳までに基本給がいくらになるのか計算できます。

賃金表は、まさに将来の昇給を約束したものです。低成長の日本には似つかわしくない代物ですが、令和5年の今日においても広く普及しています。

ところで、職能給の賃金表はどんな経緯があって普及したのか？　読者諸兄姉はご存じですか？

それを普及させたのは実は官僚です。正確には元官僚です。

職能給という制度を作ったのは、元労働省とか元人事院に勤務していた方々です。彼らは役所の俸給制度をベースにして、そこに能力主義の要素を採り入れて、それを「職能給」として売り出したのです。昭和40年代のことです。

この根本思想には、給与は毎年上がるものという前提条件がありました。言ってみれば予算消化と同じように、昇給は当たり前なのです。

給与コンサルタントと称する方々は大勢いますが、その大半は元官僚に教えを受けた門弟だと思います。彼らは、役所と民間企業とでは違うはずなのに、「人事制度改革」などといいながら役所そうろうの常識を当たり前のようにして民間企業に押し付けます。そこには〝経営〟という文字がどこにもない。

経営者にしてみれば、そのオカネはどこから来るの？　といいたいところです。

筆者からの一言：「昇給を企業に義務付ける定昇制度は要らない。ない袖はふれない」

PART 2

学歴差別につながる等級制度

「大手から転職してきた人から『うちの会社にはなぜ『等級』がないのか？』と質問されました。うちは等級なんて設けていませんが、必要でしょうか？」

こんな質問を中小企業の社長からされることが時々あります。

筆者は、

「必要ありません」

と即座に否定します。

「等級制度」

と聞いて筆者がイメージするのは役所です。左記は国家公務員の等級制度です。いかにも役所じみた組織で、何かを決める際にはハンコが何個も要りそうです。民間企業は意思決定のスピードこそ命なので、フラットな組織こそ必要です。

　等級制度は、能力主義とは名ばかりで一皮剥けば〝学歴主義〟です。公務員の世界では、東京大学を出た人が出世コースを駆け上がります。それに対してノンキャリは頑張っても現場止まりです。役所でいうところの「等級」とは、まさに「学歴」です。

　国家公務員の象徴的存在は、軍隊、つまり防衛省だと思います。自衛隊の階級制度は、旧日本軍のそれを名称を変えながら、実態は踏襲したものです。この世界で出世するのは、もちろん「能力」ではありません。それは「学歴」であり、それも「卒業時の成績順位」です。

　こんな学歴主義の等級制度を民間が導入する意味があるのでしょうか？　中小企業は真似するべきではないと思います。

国家公務員の等級

	本省	地方出先機関
10	課長	
9	課長	
8	室長	
7	室長	
6	課長補佐	機関の長
5	課長補佐	機関の長
4	係長	課長
3	主任	係長
2	係員	主任
1	係員	係員

筆者からの一言：中小企業はフラットな組織であるべき。そこに「等級」はそぐわない。

階級制度

日本軍	陸上自衛隊
大将	陸上幕僚長
中将	陸将
少将	陸将補
大佐	一等陸佐
中佐	二等陸佐
少佐	三等陸佐
大尉	一等陸尉
中尉	二等陸尉
少尉	三等陸尉
准尉	准陸尉
上級曹長	陸曹長
曹長	一等陸曹
軍曹	二等陸曹
伍長	三等陸曹
上等兵	陸士長
一等兵	一等陸士
二等兵	二等陸士

PART 3 職能資格制度（年功序列の温床に）

「うちの会社は、外部のコンサルタントが職能資格制度を作り、そこに昇格基準が載っています。しかし実際には社内の誰もそれを見たことがないほどで、昇格は情実的に行われています。職能資格制度はヨソでは機能しているのでしょうか？」

これは大企業の関連企業の役員が筆者に投げかけた疑問です。筆者は即座に首を横に振りました。

人事労務の世界には、いろいろな〝定説〟がありますが、中には実は意味のないもの、実現困難なものもあります。筆者にいわせれば、その代表選手は「職能資格制度」です。

そもそも「職能資格制度」とは何かですが、それは「職能資格制度とは、社員の職務遂行能力を基準にした等級制度をいう」と説明されています。

職能資格制度は、次のようなプロセスを経て作られます。

①職務調査を行う（課業の洗い出し）
②職務分析・評価を行う（仕事の難易度や重要性を格付けする）
③職能要件書を作る（その仕事を担当するのに必要な能力をまとめる）

このような理屈を聞くと、なるほどと思われるかもしれません。しかし問題は現実に作ってみると、満足できるものができあがらないのです。専門のコンサルタントに依頼しても同様です。

例えば、こんな職能資格基準ができあがったとします。（この文章は厚労省のサイトからの引用）

6等級（会社の政策や方針についての概要の指示に基づき、課の業務について、自主的に企画・運営し、かつ実施上の実質的責任をもって部下を管理する）
5等級（一般的な監督のもとに担当範囲の細部にわたる専門的知識と多年の経験に基づき、係の業務について企画し、自らその運営・調整にあたるとともに部下を指導・監督する）

この日本語を読んで意味がわかるでしょうか？

筆者なら「課の業務」と書いてあるので、6等級は課長級なのだろうと推察します。5等級は「係の業務」と書いてあるので、係長級なのだろうと推察します。

しかし「会社の政策や方針についての概要の指示に基づき、自主的に企画・運営し、かつ実施上の実質的責任をもって部下を管理する」というのと「一般的な監督のもとに担当範囲の細部にわたる専門的知識と多年の経験に基づき、自らその運営・調整にあたるとともに部下を指導・監督する」というのは、どこが違うのかわかりません。

いってみれば意味不明な日本語の羅列に過ぎないのです。曖昧なので、実際の運用は情実的になりえます。例えば、

「A君は課長になって6等級になったが、B君は課長のポストが空いていないので可哀想だ。だから等級のみ6等級に昇格させてあげよう」

という感じです。こうして年功序列の温床になったのです。

そもそも職能資格制度は、どんな経緯で普及にいたったのでしょうか？　それを考案した人物は、元官僚であり、役所の資格等級制度をベースにしたものだったのです。

職能資格制度は、学歴差別を生み出す元凶にもなっています。例えばこんな定義があります。

1等級　一般社員　高卒程度の能力、会社の指示に従って的確に仕事ができる。
2等級　一般社員、主任　大学卒業程度の能力、中級程度の仕事を指示がなくても単独もしくは周囲と協力して遂行できる。

筆者が疑問に思うのは、職能資格制度とは「能力」の格付けのはずです。それならば、なぜ学歴と等級が紐付けされるのでしょうか？　高卒は1等級スタートで、大卒は2等級スタートになっていますが、大卒は高卒よりも能力が上だといい切れるのでしょうか？

職能資格制度は、それを給与コンサルタントに依頼して作ってもらうことが多いですが、例えば3年間で1000万円とか、多額の費用が要るものです。

自分でいうのもなんですが、筆者は給与コンサルタントとして日本で指折りです。その筆者が断言するのです。

「職能資格制度は、作るのに手間とオカネが要るだけで実際には使いものにならない。それはコンサルタントがオカネ儲けのために考案した代物」

筆者からの一言：中堅・中小企業では「職能資格制度」は必要なし。

PART 4

複雑怪奇な等級号俸制（役所のように給与が高止まり）

「何等級とか、何号俸とか、何度聞いても理解できません。もっとわかりやすくて中小企業に合った給与制度はないですか？」

これは新規顧客になっていただいた某中小企業の社長がいった言葉です。その社長は大手コンサル会社に1000万円以上の費用を払い、3年がかりで手間をかけて給与制度を作りました。ところが実際には使いものにならず困り果てておられました。筆者のセミナーを聴かれて、そのわかりやすさに感心してくださいました。

「筆者は、等級号俸制の賃金表を提案していません」

といいますと、首を傾げる方もおられることでしょう。給与制度を作るといいますと、多くの人は等級号俸制の賃金表を思い浮かべるからです。

この「等級号俸制の賃金表」は、前述の職能資格制度とセットになって普及していますが、これも意味がないものだと筆者はバッサリと切り捨てています。

確かに筆者も顧客に対して賃金表を提案していますが、それには「等級」も「号俸」も付いていません。

筆者は「等級」という概念そのものから否定しています。等級に似たものとして「役職」がありますす。しかし、両者は似て異なるものです。

> 昇格とは、「能力」が上がり「等級」が上がること。
> 昇進とは、「責任」の重い「役職」に就くこと。

会社にとって、どちらが大事でしょうか？　筆者は「もちろん昇進」だといいたい。役職というのは課長とか部長などという職制だから、社内では重要な肩書きです。もしも全員がヒラならば、会社は運営できません。（よほど小規模な会社は別です）
「等級」をめぐって、筆者は思い出す出来事があります。ある顧客からの相談です。
「社長、ご相談があります。私を総務部長から降ろしてください。私ももう年齢ですので、これからは定時に帰り、家庭生活を大事にしたい」

この言葉を吐かれた社長は、悩んだ末に筆者に相談されました。問題の部長は、まだ55歳。それに対して社長は70歳。社長にしてみれば、

（何がもういい年齢だ）

といいたいのでしょう。青筋を立てておられました。問題はその人物の給与です。こんな内容でした。

基本給45万円（8等級51号俸）＋役職手当7万円＝52万円

「給与を思い切り下げたい」

社長は厳しい表情でした。

筆者は同調したいところでしたが、次のように答えました。

「部長から降りれば役職手当の7万円はなくなります。しかし、基本給を減らせるかどうかは微妙です。なぜならば等級とは能力のことであり、その能力が落ちたことを立証するのは現実的に困難だと思います」

それでも社長は、納得してくれません。そこで筆者は、その会社の給与規程を取り出して指さしました。

「役職から降職した場合は、役職手当の支給を打ち切る。能力が著しく落ちた場合は、等級を下げて基本給を引き下げることがある」

となっていたのです。その給与規程を作ったのは、ほかならぬ当の総務部長本人でした。

「『能力が著しく落ちた』というのを立証できますか？」

社長が思わず溜め息を吐いたのを、筆者は覚えています。

このように等級号俸制の基本給は、給与を高止まりさせる結果を招きます。その結果、上層部に緊張感が薄れてしまうようになるのです。まさに役所そうろうです。

筆者はこのような体験から「役職手当」を重視する方向に向かいました。次の給与を比較してください。ともに部長の給与です。

Aタイプ	基本給45万円＋役職手当7万円＝52万円
Bタイプ	基本給32万円＋役職手当20万円＝52万円

Aタイプは、等級号俸制による一般的な給与です。

Bタイプは、役職手当のウエートが高いですが、これが北見式賃金の提案です。

役職ならば、会社の人事権として解けます。部長降職ともなれば、次のように給与が変わります。

Aタイプ	基本給45万円
Bタイプ	基本給32万円＋時間外手当

筆者は、中小企業の給与において大事なのは〝上げやすく、下げやすい〟ことだと考えています。給与を上げる際は、同時に下げる基準も設けておくべきです。

▼定昇・ベアなんて区分する必要なし

社長「春闘の時季になりますと、定期昇給（定昇）とかベースアップ（ベア）という言葉が飛び交います。うちはそんな区分もありませんが、問題でしょうか？」

北見「定昇とかベアという言葉は、等級号俸制の賃金表を使っているから出てくる言葉です。定昇とはAは5号俸、Bは4号俸などと号俸のコマが進むことです。一方、ベアとは賃金表自体を底上げすることです。

しかしながら、中小企業の多くは等級号俸制の賃金表を使っていませんから、そんな言葉は意味がありません。中小企業では単に『いくら上がるのか？』というだけで結構です」

筆者からの一言：中小企業では複雑怪奇な「等級号俸制の賃金表」は必要なし。

PART 5

職能要件書（ロクに昇給や賞与も決められない）

「こんな大変なこと、毎年やってられない」

ある会社に招かれて行った時のことです。社長と総務部長がうかぬ顔。見ると、机の上に分厚いファイルが２つ。

昇給や賞与を決めるため、全社員を査定した結果の資料でした。職能要件書が束になっていて「自己評価」「一次評価」「二次評価」がホチキスで綴じられていました。

「へえ、凄いですね。これをやるのに、どれだけ時間がかかったのですか？」

「昇給や賞与を決める査定会議は、もう昨年８回やりました。それから考課者訓練も３回やりました」

と疲れ切った表情の総務部長。横では社長が、

「それでも、決まらないのです。仕方がないので、最後は私が決めました」

と腕を組みました。

経緯はこうです。役所主催によるセミナーがあって、そこに参加しました。講師は日本給与研究センターのコンサルタントでした。結局、そこに依頼して給与制度改革のプロジェクトを立ち上げました。そのプロジェクトは３年がかりで、コンサル費用は１０００万円超。こうしてできあがった給与制度に基づいて昇給や賞与を決めるようになって２年目のことです。社長が、

「なぜ賞与案がいつまで経っても出てこないのか！」

と総務部長に対していいました。それに対して総務部長は、

「そんなこといわれたって、大変なんです。私にスタッフを付けていただかないとできません」

と反論。険悪な雰囲気になってしまいました。仕方なく、社長は昔のように自分で賞与を決める羽目に陥ったのです。

このように給与コンサルタントが社内を混乱させるのは珍しくありません。給与コンサルタントは、

「こうあるべきです」

と理想論を述べます。本当は、そのコンサル会社でもできていないような〝理想論〟なの

ですが、それを顧客に押し付けます。顧客側は、コンサルが出してきた要求事項に応じるのに四苦八苦します。課業の洗い出し、職務調査、職務分析、職務評価なんて、やる側からすれば頭痛の種でしかありません。

（日本企業は、これら無益な膨大な作業のために、どれだけ時間を費やさせられたことか！）

と筆者は憤りを抑えられません。

会議に会議を重ねた結果、やっと出てくる職能要件書はこんな内容です。ここに一部を載せましょう。これは営業職に対する職能要件書です。（厚労省のサイトからの引用）

職業能力評価シート（営業　レベル２）　顧客・取引先との折衝と関係構築

①交渉・折衝（自らの権限で処理できる案件については、社内外の関係者との協議・折衝を行って交渉をまとめている。その際には安易に妥協せず、可能な限り相手から協力を引き出すよう努めている）

②効果的な説明（説明のための論理的なストーリーを構成し、予想される異論・反論への対応も考慮しながら説得力のある説明を行っている）

③関係構築（顧客・取引先等の関係者との間に必要な情報を素早く入手できるよう

な人間関係を構築している。また他社との交流イベントなどに積極的に参加し、人的ネットワークの拡大に努めている）

なんとまあ、曖昧な基準であることか！

これでは実際に記入するとなると難しい。自己申告させると、できない人に限って自己に甘い採点をしてきました。

上司側もまちまちの評価になりがちなので、それを統一するために考課者訓練を受けさせました。しかし、それでも甘い辛いは直りません。

会社を一番困らせているのは目標管理です。中小企業では文字を書くのが苦手な人が少なくないので、やむを得ず上司がヒアリングしてまとめることが多いもの。ところが出てきた目標の善し悪しに関して異論が飛び出して、社内はもうギクシャク。

結果として、春の昇給、夏冬の賞与の決定に際して、新給与制度はまったく機能しなかったのです。

そこで呼ばれたのが筆者というわけでした。筆者は日本給与研究センターという社名の入った資料をめくりながら、社長に尋ねました。

「加点主義絶対考課なんですって！　本当にできましたか？」

総務部長は首を横に振りました。社長は、

「そんなの、できっこない」

と吐き捨てるようにいいました。筆者は、

「お釈迦様でもあるまいし。そんなの、できっこない」

とうなずきました。そこで筆者は持論を一席。

「そもそも評価するとは、相対的に視ることです。人と人とを比べ、どちらがやっているかを考えた方が的確です。人数がよほど多くない限り、働きぶりは見ればわかります」

大企業における査定のフローチャートは次のようです。

①上司は職能要件書や人事考課表で点数を付ける。

↓

②人事部は各部署間の評価の点数をチェックして、甘い辛いを調整したうえで、点数に基づいて、ＳＡＢＣＤという評価案を作り、査定会議に提出する。

↓

③会議で、査定結果が決まる。

↓

④評価の点数が上位何％はS、何％はAという形でSABCDが決まる。賞与は、A1・1、B1・0、C0・9などと計算されて決定される。

なぜこうなるのかといえば、大手の場合、顔と名前が一致しないからです。これに対して中堅・中小企業の場合は次のやり方で充分です。

（中小企業における査定のフローチャート）

①社長と経営幹部が数人集まって査定会議を開く。賞与額は、幹部同士の話し合いにより決定（人事考課表の結果はチラ見して参考程度にするだけ）。

↓

②社員にどう説明するか、説明の言葉を議論する。

筆者はこれを〝談合〟と呼んでいます。中堅・中小の場合はこの〝談合〟でいいのです。

査定会議でよく交わされるのは、こんな言葉ですよね。

「あの人は、ハキハキしていて感じが良い」

「あの人は、コツコツその道20年だから、誰もかなわない」

「あの人は、ウッカリが多いのでお客さんから怒られた」

「あの人は、フラフラで出勤してくる。面接では『健康です』といっていたのに」

つまり、中小企業では顔と名前はもちろん一致していて、互いによく知っているから、こんな談合で賞与を決められるのです。社長はその考えに同調して膝を打ちました。

「要するに元に戻るわけですね？」

と尋ねてこられたので、筆者も、

「そうです」

と膝を打ち返しました。

筆者からの一言：「職能要件書」では昇給も賞与も決まらない。

第12部

余談
日本の給与はココが問題

PART 1

やってもやらなくても同じ！悪平等が日本の国力低下の原因

話は変わりますが、ここからは〝いち企業〟の給与問題ではなく〝日本の給与〟という視点から論じます。

日本は、国力ダウンが懸念されています。日本製品の存在感は、世界で落ちる一方だといわれています。

「日本の国力がなぜダウンしたのか？」

という問い掛けがなされていますが、筆者はそれを考えたければ、

「日本企業の力は、なぜダウンしたのか？」

「日本企業の人事制度は、なぜ強みを発揮できなかったのか？」

「日本企業の給与制度は、なぜ弱みばかりが出てしまったのか？」

という形で考えれば、わかりやすいと思います。

筆者は、この問題の根源にあるのは「やってもやらなくても同じ。行き過ぎた悪平等のせいだ」と考えています。やってもやらなくても、同じだとしたら、進んで頑張る人が減るのは当たり前だからです。

「日本は、ひょっとしたら共産主義国家ではないだろうか？」

と思うほど、日本は平等な国です。もしもマルクスとかレーニンが生きていて、日本を訪問したら「なんて素晴らしい国だ。日本こそ理想を実現した社会主義国家だ」と感動して涙を流すに違いないでしょう。

最近「格差社会」「二極化」という言葉がしきりに使われますが、本当にそうでしょうか？

格差にも「資産格差」「給与所得格差」など種類があります。資産格差は土地や株の上昇のおかげですから持てる人がより豊かになったかもしれません。しかし給与所得格差の方は本当に小さくなりました。

「日本ほど、給与所得格差の小さな国はない」

と、筆者が断言できるほどです。それが極端過ぎることが問題なのです。

筆者の「ズバリ！　実在賃金」（愛知県版）によれば、役職ごとの年収は、こんな額になっています。

注：「一般社員」は係長以下の男性で、時間外手当や賞与が含まれており、通勤手当は含まれていない。

読者諸兄姉は、この年収の差をどう受け止められますか？

「もっと上の人の年収が高くていいはず」

だと思われませんか？　部長の年収は、一般社員と比べて２４６万円多くて５割高いだけですが、一般社員と部長とでは責任の重さが違います。ましてや一般社員と常務とでは比較にならないほど責任の重さが違う。

筆者は、日本企業の競争力が落ちた理由の一つとして、社内の給与格差が小さ

中小企業の職位別年収

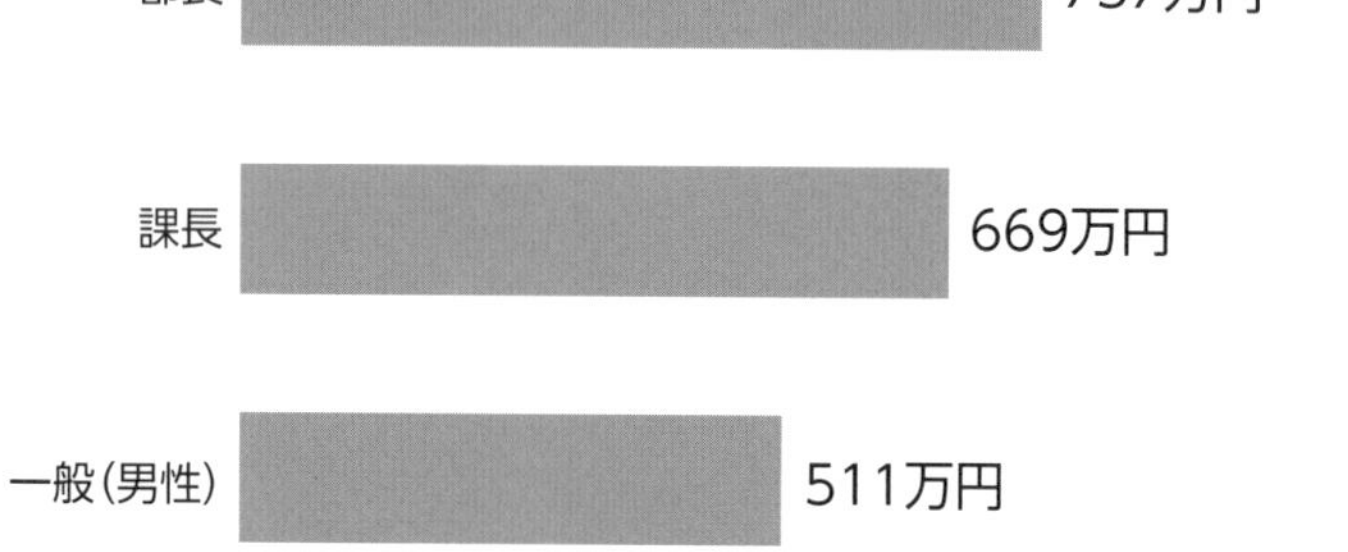

（出所）「ズバリ！　実在賃金」（愛知県版）2022 年

過ぎることがあると思います。

欧米では、経営幹部と一般従業員とでは大きな給与格差があります。中国でも、給与は10倍くらいの格差がすぐ付きます。そのような国と比較すると、「日本株式会社」の給与制度はいかにも異様です。

この日本株式会社の給与制度は、上の人と下の人との給与格差が小さく、その点で世界を見渡しても稀有な存在です。欧米のような格差社会が良いとは思いませんが、それにしても日本の悪平等は行き過ぎです。

この結果として、日本はやってもやらなくても同じという悪平等に陥り、活力を失い、今日のような国力ダウンを招いたと筆者は考えています。いまの若手社員の中で、

「社長になりたい」

「課長になりたい」

と思っている人がどれだけいるでしょうか？　いたとすれば、イマドキでは稀な人です。そんな社会にしてしまった理由は、悪平等のせいです。

会社には、社長、専務、常務、取締役、部長、課長、係長、主任、一般社員という格付けがあるはずですから、ふさわしい年収の格差があって然るべしです。

PART 2

高給取りからガッポリ取る社保料の仕組みが悪平等を悪化させた

「課長になっても大したことない。生涯ヒラで構わない」と若手に思われてしまうのは困ったものですが、そう思わせてしまう理由の一つに実は社会保険料があります。保険料は、給与が上がれば上がるほどゴッソリ取られてしまうからです。

社会保険料には「標準報酬月額保険料額表」というのがあります。健康保険料は１９９７年には60万５０００円が上限で、これ以上の給与になっても保険料が変わりませんでした。２０２０年になると協会けんぽ（東京）の場合、上限額が63万５０００円に引き上げられました。つまり高い給与の人の保険料負担が大きくなったのです。

ここで２人の保険料を比較しましょう。「給与80万円」と「給与20万円」です。

「給与80万円」の人の保険料および控除後の給与は、次の通りです。

１９９７年
健康保険料＋介護保険料＋厚生年金保険料＝社会保険料合計８万３５７２円
給与80万円－社会保険料合計８万３５７２円＝社会保険料控除後の給与71万６４２８円（あ）
↓
２０２０年（東京都の場合）
健康保険料＋介護保険料＋厚生年金保険料＝社会保険料合計10万２７８７円
給与80万円－社会保険料合計10万２７８７円＝社会保険料控除後の給与69万７２１３円（１万９２１５円減）（い）

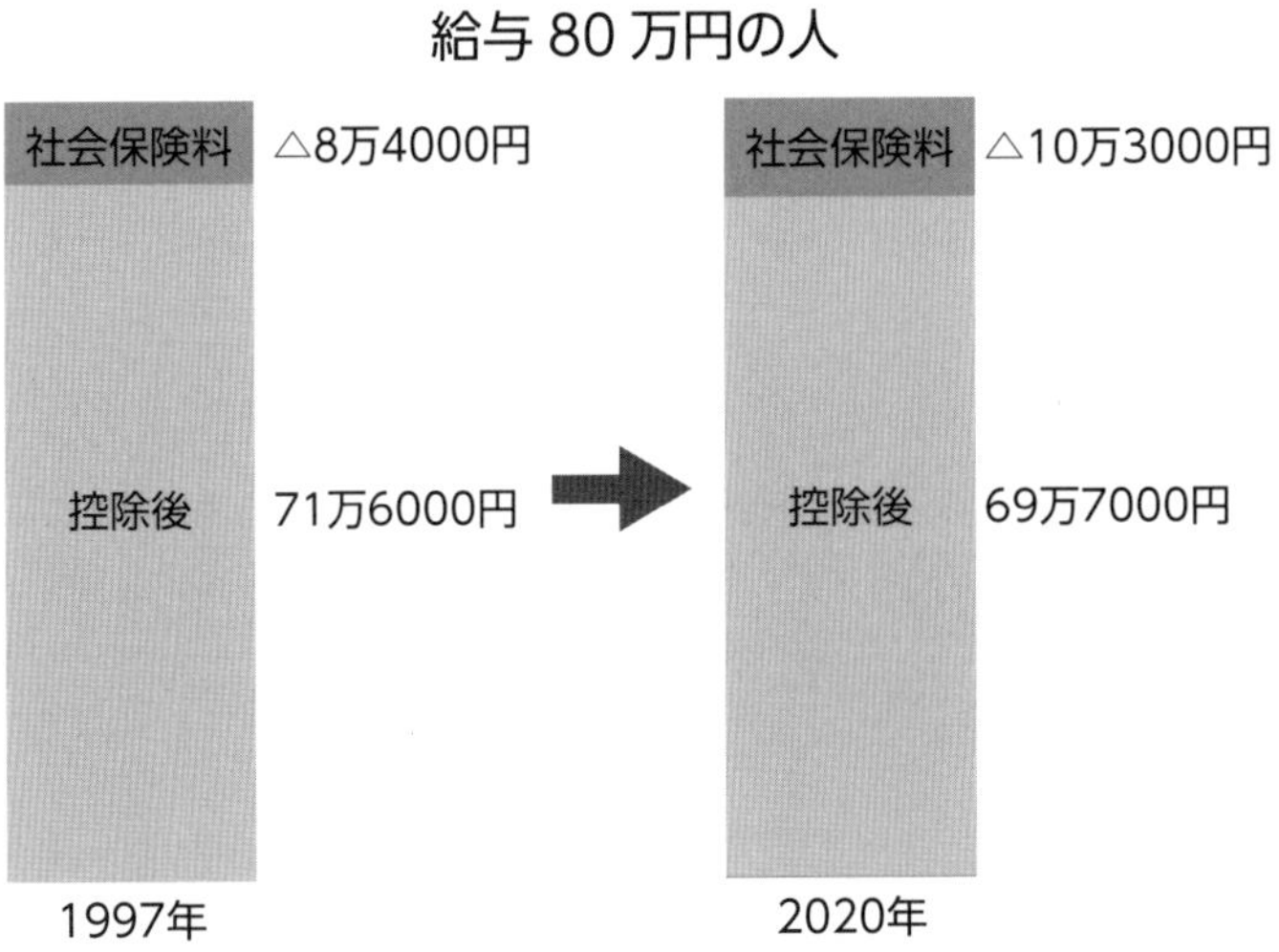

「給与20万円」の人の保険料および控除後の給与は、次の通りです。

１９９７年

健康保険料＋介護保険料＋厚生年金保険料＝社会保険料合計２万５５５０円

給与20万円－社会保険料合計２万５５５０円＝社会保険料控除後の給与17万４４５０円（う）

↓

２０２０年（東京都の場合）

健康保険料＋介護保険料＋厚生年金保険料＝社会保険料合計２万９９６０円

給与20万円－社会保険料合計２万９

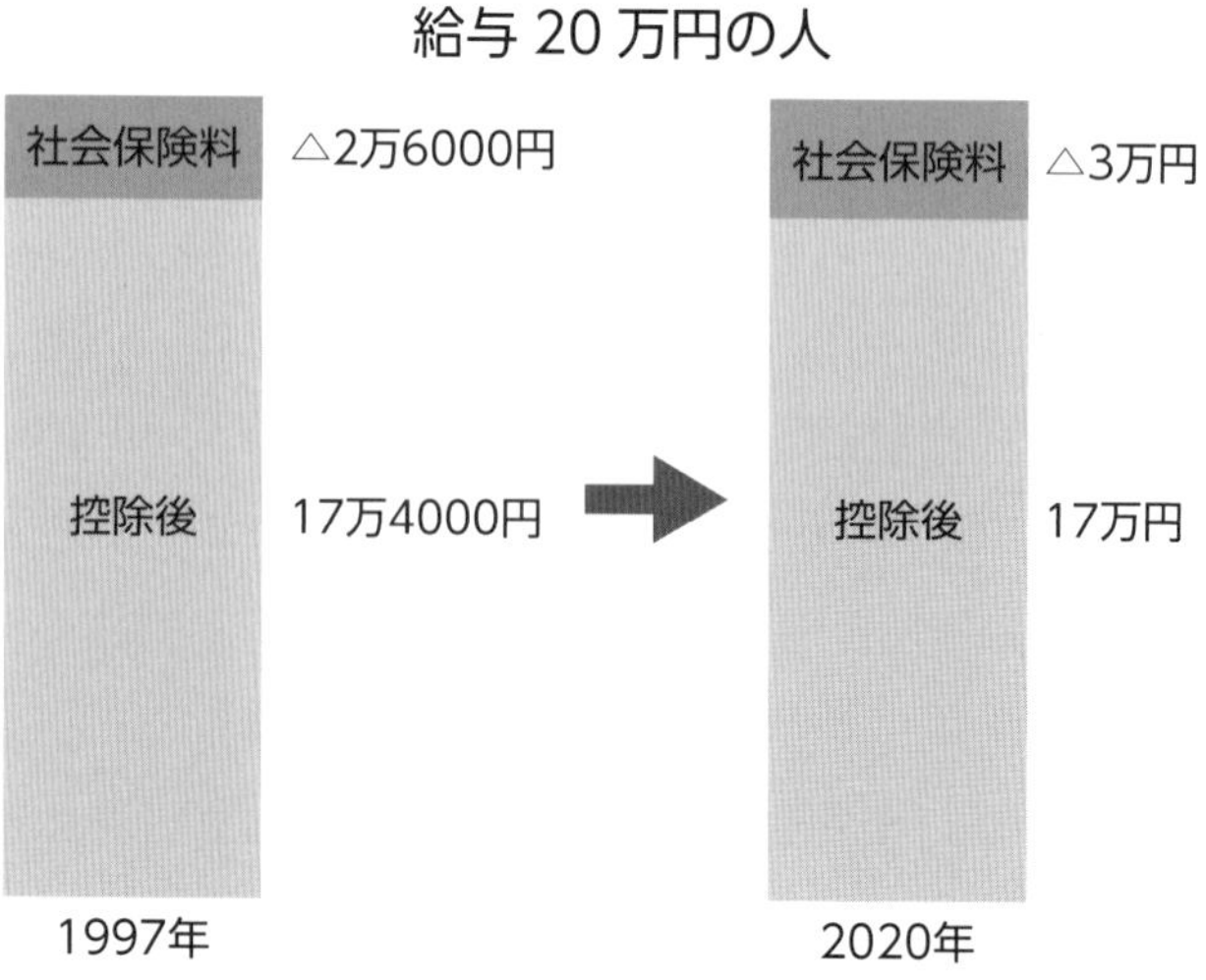

９６０円＝社会保険料控除後の給与17万４０円
（４４１０円減）（え）

注：年齢は40歳以上で、介護保険料を払っている前提。

両者の社会保険料控除後の給与は、次のように下がりました。

（あ）－（い）＝１万９２１５円減

（う）－（え）＝４４１０円減

このように給与の高い人が狙い撃ちされるように保険料を取られ、手取り収入がダウンしました。社会保険料はチビチビ上がるので、あまり実感はないかもしれませんが、積み重なると大きいのです。

標準報酬月額保険料額表を作っているのは厚労省の官僚です。彼らは、言ってみれば「取りやすいところから取る」という安易なものの考え方しかありません。筆者に言わせれば、このような改正（改悪）が度々行われたことが、やる気の低下につながり、日本企業の競争力ダウンにつながったのです。

ちなみに、この「80万円」という給与は年収９６０万円という意味であり、東京都では社員３００人以下の会社の常務取締役クラスの年俸です。
「20万円」の人は新卒初任給をイメージしています。

PART 3 社保料や消費税で実質所得が減るばかり

▼実質所得は平均84万円ダウン

公的な給与調査に疑問符を投げかける筆者ですが、信じているものもあります。それは国税庁の民間給与実態統計調査です。年末調整の結果をまとめたものです。

それによりますと、勤労者（１年以上勤務・非正規含む）の平均年収が一番高かったのは１９９７年で４６７万円でした。２０２０年は４３３万円でしたので、34万円も減りました。

問題は給与ダウンだけではありません。社会保険料、住民税が上昇したので、手取額はガタ減りしました。１９９７年の年収４６７万円は手取り３９２万円でしたが、２０２０年の年収４３３万円は手取り３３０万円であり、なんと62万円も減りました。

また、消費税は１９９７年は５％でしたが、２０２０年は10％です。そうなると「実際に使えるオカネ」は、次のように計算できます。

1997年の手取り392万円に0・95を乗じると、実際に使えるオカネは372万円になる。2020年の手取り330万円に0・9を乗じると、実際に使えるオカネは297万円となり、75万円もダウンしています。

そのうえ、物価の高騰までも考えれば、実質収入は84万円もダウンしました。

このように政府は民間からオカネを取ることばかりに熱心です。これでは不景気風がビュービュー吹くのは当たり前です。

「社会保障の充実」といえば聞こえはいいですが、その裏側では高齢者の票を取りたいという政治家のホンネもあるでしょう。その結果が現役世代や若者の未来を奪う結果になっていると筆者は思います。

“実質収入”は84万円もダウン

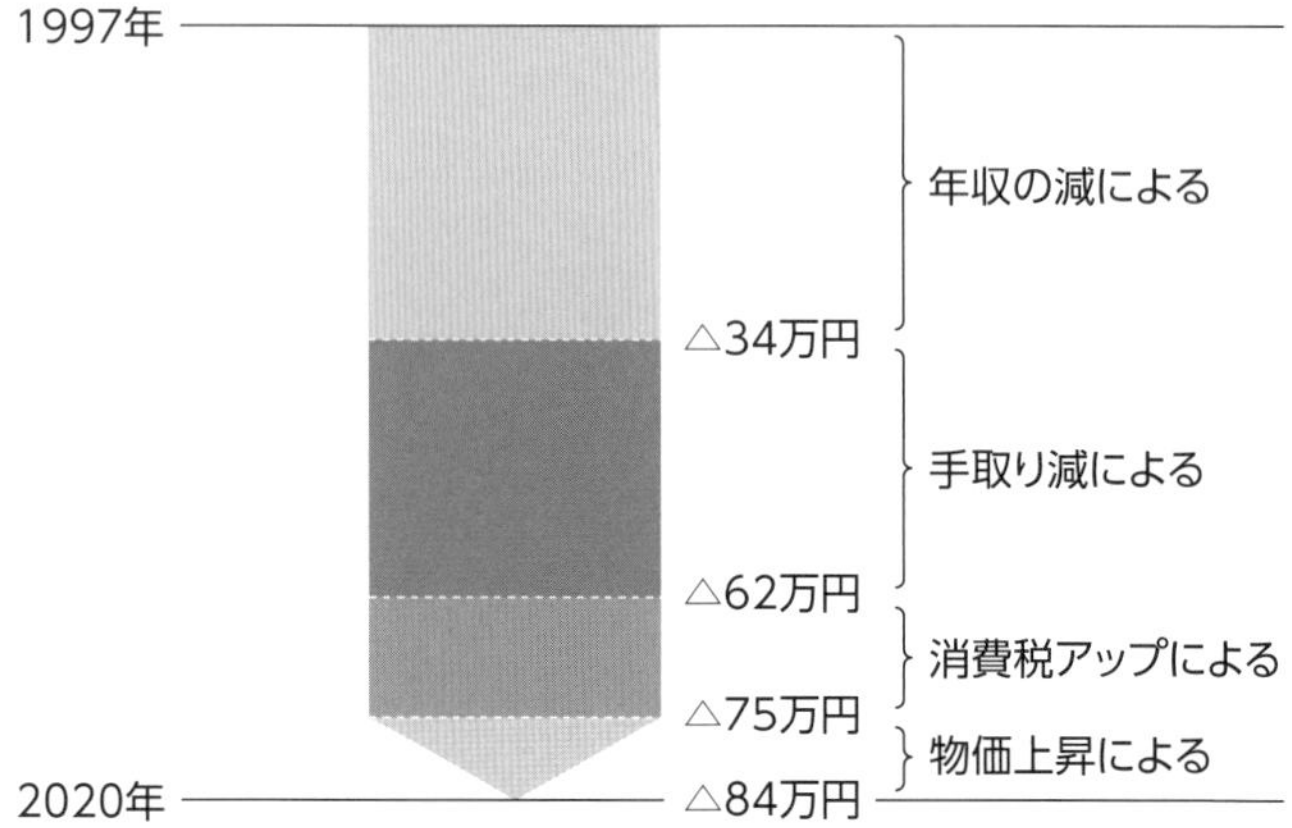

注：端数処理のせいで合計合わず。

あとがき　皆様ありがとうございます

筆者は、中小企業に給与改定案を提案する経営コンサルタント業を１９９５年に35歳で創業しました。

創業時に「独自の調査研究により、中小企業の発展に貢献する、実践的な給与制度を提案しよう」という志を立てました。それ以来、給与一本でお仕事を続けてこられたのは好運でした。自分でも良い仕事をしてきた、させていただけたと感じています。

まさに天職です。

筆者は、１９９７年2月に『中小企業の賃金管理　これだけは知っておきたい！』というタイトルの本を東洋経済新報社様から著しました。当時、東洋経済様から「地方の無名の30代の本を出したのは、会社始まって以来」だといわれたのを覚えています。

これは筆者にとってデビュー作であり、これを皮切りに30冊以上の本を出しました。東洋経済様には御礼の言葉しかございません。

１９９７年というのは筆者が38歳で、給与コンサルタントとして独立開業して3年目でした。いまから読み返すと青臭い本ですが、意気込みを感じて感慨深い。

前書から20年以上ぶりにリニューアル本を出したわけですが、インフレや人材獲得難といった近年の状況を踏まえて全面的に書き直したので、タイトルは似ているものの内容はまったく別の本です。

中小企業はいま多くの経営課題を抱えていますが、特に課題になっている若手の獲得・定着に繋げていただければと思います。

筆者は現在64歳であり、本書がこれまでの活動の集大成ですので、中小企業経営者の実践の書になれば幸いです。

２０２３年１月

北見式賃金研究所　**北見昌朗**

【著者紹介】
北見昌朗（きたみ　まさお）
1959年、名古屋市生まれ。大学卒業後、経済記者として主に中小企業数千社を取材。新聞社を退社し、1995年に独立。株式会社北見式賃金研究所を設立し所長に就任。上場企業ではなく中小同族企業を対象にした専門の人事・賃金コンサルタント業を始める。地元愛知県だけでなく、首都圏や関西圏等で数万人の給与を毎年調査分析している。
『小さな会社が中途採用を行なう前に読む本』『図解　小さな会社の退職金の払い方』（共に東洋経済新報社）など、30冊を超える著書がある。

これだけは知っておきたい！　中小企業の賃金管理
若手が採用でき、優秀な人材が定着する新常識

2023年2月9日発行

著　者――北見昌朗
発行者――田北浩章
発行所――東洋経済新報社
〒103-8345　東京都中央区日本橋本石町 1-2-1
電話＝東洋経済コールセンター 03(6386)1040
https://toyokeizai.net/

装　丁…………山田英春
D T P…………アイシーエム
印　刷…………ベクトル印刷
製　本…………ナショナル製本
編集担当………岡田光司
 Printed in Japan　ISBN 978-4-492-26119-4